REIKI
para crianças
de 8 a 80 anos

3ª Edição
Revisada e ampliada

Conforme Novo Acordo Ortográfico

Reiki para crianças de 8 a 80 anos
Copyright © Butterfly Editora Ltda. 2020
Direitos autorais reservados.
É proibida a reprodução total ou parcial, de qualquer forma
ou por qualquer meio, salvo com autorização da Editora.
(Lei nº 9.610, de 19 de fevereiro de 1998.)

Coordenação editorial: **Ronaldo A. Sperdutti**
Ilustrações: **Marcos Antonio Cortez**
Capa: **Cítrica Design sobre ilustração de
Marco Antonio Cortez**
Revisão e adaptação: **Suzana Ramos**
Impressão: **BMF gráfica**

**Dados Internacionais de Catalogação na Publicação (CIP)
(Câmara Brasileira do Livro, SP, Brasil)**

```
De' Carli, Johnny
     Reiki para crianças de 8 a 80 anos / Johnny De'
Carli ; [ilustrações Marco Antonio Cortez]. -- 3. ed.
rev. e ampl. -- Catanduva, SP : Butterfly Editora,
2020.

     ISBN 978-85-68674-18-5

     1. Cura pela mente 2. Reiki (Sistema de cura)
I. Cortez, Marco Antonio. II. Título.

20-33199
```

Índices para catálogo sistemático:

1. Reiki : Sistema universal de cura   615.852

Cibele Maria Dias - Bibliotecária - CRB-8/9427

Butterfly Editora Ltda.
Av. Porto Ferreira, 1031 - Parque Iracema
CEP 15809-020 – Catanduva-SP
17 3531.4444
www.editorabutterfly.com.br | atendimento@editorabutterfly.com.br

Impresso no Brasil, 2020

Johnny De' Carli

REIKI
para crianças
de 8 a 80 anos

Agradeço à minha esposa Rita de Cássia Lima De' Carli, ao Mestre de Reiki e desenhista Marco Antonio Cortez, às Mestres de Reiki Inez Kassel, Maria Helena Ramalho (in memoriam) e Cristina Rego Monteiro da Luz, pelo apoio que recebi para concretizar esta obra.

Pegue o livro, coloque-o entre as mãos, concentre-se e abra-o em qualquer página. Pronto. Está aí a dica do dia!

Aos meus pais Alicia e Carlos. À minha esposa Rita de Cássia. A meus irmãos Carlos, Helio e Ricardo. A meus filhos Juliana, Diana e Daniel. A meus três primeiros netinhos Daniel, Lorenzo e Maria Lídia.
À minha nora e genros Geani, Clayton e Lorenzo.

Lembre-se que sempre prevalecem os ensinamentos dos seus pais.

PREFÁCIO

Este livro não foi escrito visando uma faixa etária específica. Trata-se de uma homenagem à "criança interior" de cada um de nós, independentemente da idade. É um livro para crianças destinado também aos adultos. Por respeito aos meus leitores com menos de doze anos de idade, recomendo-lhes que a leitura seja feita com a assistência de um adulto.

A nossa saúde é muito importante!
Cuide dela desde pequeno, alimente-se bem, faça exercícios, não fume e nunca beba bebidas alcóolicas.

INTRODUÇÃO

No rodapé de cada página há mensagens independentes do texto do livro, onde principalmente as crianças menores encontrarão algumas dicas e regrinhas muito importantes para a sua vida. Todos os dias poderão fazer disso uma brincadeira, lendo uma mensagem especial! Solicito a autorização dos pais para, desta forma, contribuir para a educação de seus filhos, dentro de minha experiência pessoal como pai. Sabemos que a saúde depende de uma boa condição de higiene e cuidados adequados, o que motivou esta iniciativa.

É muito importante termos nossas coisas arrumadas.
Deixe sempre seu quarto organizado, com cada coisa em seu lugar.
Você verá como a organização traz paz!

Olá! Meu nome é Johnny De' Carli. Sou engenheiro agrônomo e piloto de aviões. Nasci no Brasil. Passei minha infância no Rio de Janeiro, na Ilha do Governador e em Copacabana, onde atualmente trabalho como professor da técnica Reiki. Gosto muito de lecionar e de fazer novas amizades.

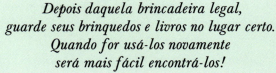

Depois daquela brincadeira legal,
guarde seus brinquedos e livros no lugar certo.
Quando for usá-los novamente
será mais fácil encontrá-los!

Esta é minha esposa Rita de Cássia Lima De' Carli. Ela é mineira do Município de Campestre. Muitos tinham curiosidade em conhecê-la. Trabalhamos juntos lecionando a técnica Reiki. Com muita alegria, já iniciamos mais de 17 mil pessoas até janeiro de 2020.

Que tal criar, assim que acordar, o campeonato da cama arrumada? Nada de bagunça! Fazendo isso você estará ajudando em casa, além de criar um hábito muito positivo!

Muitas crianças foram nossas alunas. Elas vinham ao seminário acompanhadas de seus pais ou avós. Jesus dizia que as crianças são especiais. Ele disse: "Aquele que não receber o Reino dos Céus como uma criança não entrará nele" (Lucas 18;17).

Nada de entrar no quarto dos pais, avós e irmãos sem bater à porta antes! Que tal pedir para que eles façam o mesmo com você?

Mais uma vez, referindo-se às crianças, Jesus disse: "Deixem as crianças e não as impeçam de vir até a Mim, pois delas é o Reino dos Céus" (Mateus 19;13).
O bondoso e iluminado Mestre Jesus dizia que as crianças estão ligadas a Deus pela pureza de seus corações.
Um lar com crianças é mais feliz.

O banho é muito importante para nossa saúde, por isso é preciso tomar banho todos os dias! Mas não fique muito tempo debaixo do chuveiro, alguém pode estar precisando usar o banheiro.

*O amor das crianças é universal.
Sorriem e fazem amizades em um instante.
Respeitam as diferenças entre as pessoas.
As crianças não guardam mágoas e rancores
como os adultos, perdoam com muita facilidade.
Jesus nos orientou sobre
o perdão quando disse:
"Perdoe setenta vezes sete".*

Nosso planeta precisa de ajuda: a água é nossa fonte de energia e pode acabar se não cuidarmos dela! Vamos lá? Mãos à obra! Use apenas a quantidade necessária, sem desperdício!

Por esses e outros motivos, as crianças pequenas têm uma aura de luz em torno de si. Elas vivem em harmonia espiritual.
Nisso os adultos não conseguem ser iguais às crianças. Devido a emoções e a pensamentos positivos, elas criam um "escudo" ao seu redor.

Depois de um banho gostoso, deixe a roupa usada no cesto de roupa suja e pendure a toalha. Cuide bem de suas coisas.

As crianças ensinam três coisas muito importantes para os adultos: a sinceridade, a simplicidade e a autenticidade. Muitas crianças me procuraram para aprender o método Reiki e se tornaram meus grandes Mestres de vida. Vocês, crianças, podem ensinar muitas coisas para nós, adultos.

Nada de fazer xixi em qualquer lugar!
Procure um banheiro.

Infelizmente, no Brasil, a situação de muitas crianças ainda é bem ruim.
Estão fora da escola, fazem trabalhos domésticos pesados, trabalham na agricultura, vendem balas ou lavam carros para sobreviver.
Muitas vivem em orfanatos ou nas ruas.
O método Reiki pode ajudá-las a viver melhor.

Devemos escovar os dentes ao nos levantarmos, após cada refeição e antes de irmos dormir.
Agindo assim, nos prevenimos contra as cáries.

Já reparou que, quando sentimos dores, a primeira coisa que fazemos é colocar as mãos sobre o lugar que está doendo? Fazemos isso naturalmente, sem pensar. O toque de nossas mãos distribui calor, serenidade e conforto.

Após escovar os dentes lave a pia, limpe a escova, feche a torneira e não se esqueça de tampar e guardar novamente o creme dental.

Os cientistas descobriram que
o toque físico ajuda a aliviar dores, depressão,
ansiedade e que desenvolve a autoestima. O
toque físico tem o poder de transformar mágoa
e ressentimento em perdão
e o ódio e a raiva em amizade.
Ele transmite amor e compaixão.

Se o seu pai ou a sua mãe pedir para você fazer alguma coisa, obedeça de boa vontade, sem reclamar.
Devemos cultivar a gentileza em família.

No Tibete (região ao norte da Índia) existem registros, com mais de 8 mil anos, de técnicas que usavam a energia através das mãos. Essas técnicas se expandiram pela Grécia, pelo Egito, pela Índia e por outros países, mas ficaram esquecidas nos últimos dois milênios. Os povos antigos detinham conhecimentos fantásticos.

*Nunca se esqueça de dar descarga após utilizar o vaso sanitário. Imagine como seria desagradável, se você o encontrasse sujo!
Depois de usar o banheiro, lave bem as mãos.*

Nos Evangelhos, há muitas passagens que indicam ter Jesus praticado verdadeiros milagres usando as mãos. Ele aplicava a técnica e dizia a seus apóstolos: "Sanem os que estiverem doentes" (Lucas 10; 9). Até hoje, muitas religiões, em todo o mundo, conservam técnicas de imposição de mãos.

Nada de mexer em remédios ou em produtos coloridos e com cheirinho de doces, sem antes perguntar se pode a seus pais. Alguns desses produtos são muito perigosos!

Em nossa vida, em alguns momentos, passamos por situações difíceis de sofrimento. Esse sofrimento pode ser físico, emocional, mental e, em algumas ocasiões, espiritual.

Durante as refeições, mastigue bem devagar antes de engolir. É melhor para sentir o sabor dos alimentos e faz bem para a saúde.

Nesse momento, queremos eliminar o sofrimento ou, pelo menos, diminuir a dor. Criar um alívio para nós mesmos e
para as pessoas que nos cercam.
Muitas vezes não sabemos o que fazer para ajudar.

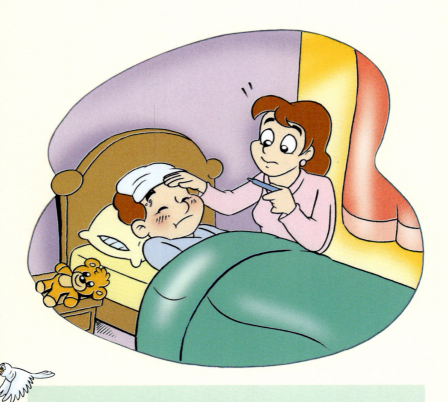

Quando comer, não mastigue com a boca aberta e nunca fale com a boca cheia.

Logo pensamos em encontrar algo que possa ajudar a aliviar o sofrimento, deixando a vida melhor, mais leve e mais fácil. Então, de alguma forma, descobrimos que existe a energia Reiki, que ela está disponível e é inesgotável.

Nunca utilize seu próprio talher para tirar comida das travessas. Além de não ser higiênico, é falta de educação.

Reiki é um sistema natural de harmonização que melhora e equilibra a energia do nosso corpo, mantendo e recuperando a saúde e o nosso bem-estar. Só podemos sentir essa energia experimentando. É muito difícil explicá-la através de palavras.

Evite fazer barulho com a boca ao beber qualquer líquido ou tomar sopa.

Reiki é o nome dado ao "Sistema Usui de Cura Natural" (Usui Reiki Ryoho). A técnica Reiki foi descoberta por um japonês chamado Mikao Usui. Ouvimos sobre o Reiki, em todo o mundo, com muita facilidade.

Cuidado para não derramar líquidos ou comida sobre a mesa durante as refeições.

Mikao Usui, o descobridor do Reiki, nasceu em 15 de agosto de 1865. Ele foi um menino pobre que se educou vencendo muitas dificuldades. Era estudioso e bastante esforçado. Depois de crescido, estudou na Europa, nos Estados Unidos e na China. Mikao Usui era conhecido como uma pessoa de muitas virtudes.

Quando precisar limpar sua boca, use um guardanapo. Ele existe para isso. Nada de usar sua roupa ou a toalha de mesa!

Conforme testemunhos deixados por seus discípulos, o Sensei (Mestre) Mikao Usui era uma pessoa muito calorosa, corajosa, gentil, prudente, simples e humilde.

Era fisicamente saudável, nunca se vangloriava e sempre trazia um sorriso nos lábios. Gostava muito dos livros e de pesquisar.

Cuidado com os exageros: ao servir seu prato, não coloque comida demais. Se ainda tiver fome, procure servir-se novamente.

Sabemos, hoje, que ele foi casado
e que sua esposa se chamava Sadako.
Tiveram três filhos: um menino e duas meninas.
Nenhum deles dedicou-se em tempo
integral ao método Reiki.
Mikao Usui ouvia e lia muitas histórias
sobre Jesus e Buda que, no passado,
pelo uso das mãos, realizavam milagres
e ajudavam outras pessoas.

> À mesa, se quiser um alimento que esteja distante,
> peça por favor a alguém que esteja mais
> próximo para auxiliá-lo.

Observador, Mikao Usui percebia que muitas pessoas eram tristes e improdutivas. Queria muito achar uma maneira de ajudá-las a se recuperarem de problemas emocionais e de saúde.

Caso você arrote sem querer, peça desculpas bem baixinho para as pessoas que estiverem próximas. Essas coisas acontecem!

Em março de 1922, no Japão, Mikao Usui tomou uma decisão muito importante. Decidiu fazer um jejum e meditar por 21 dias. Naquela época, os Mestres adultos jejuavam e meditavam a fim de receber uma visão que os esclarecesse na incansável busca pela sabedoria.

À mesa, somente comece a comer depois que os mais velhos começarem.

*Mikao Usui deixou então o local onde vivia e retirou-se para o Monte Kurama, uma montanha sagrada, localizada aproximadamente a 12 km ao norte de Kyoto, uma cidade do interior do Japão.
Ele seguiu sua intuição e os exemplos de Jesus, que se retirava no Monte das Oliveiras e de Moisés, que fez o mesmo no Monte Sinai.*

Se, sem querer, você tiver de espirrar, bocejar ou tossir, coloque a mão à frente de sua boca.

Avisou a alguns poucos amigos e
retirou-se sozinho. Levou Sutras (escrituras
sagradas) que havia encontrado no Tibete, uma
garrafa para água e
21 pedras que lhe serviram de calendário.
A cada dia jogava fora uma pedra,
para se orientar com o tempo.

Durante uma refeição,
se você precisar usar o banheiro,
peça licença, vá e volte logo.

Mikao Usui ficou sentado próximo a um pinheiro, ouvindo o som de um riacho, de pássaros e do vento.
Passou a meditar, orar, cantar, ler os Sutras e pedir a Deus uma ajuda para encontrar as respostas para o que procurava há tanto tempo: uma maneira de ajudar as pessoas.

Durante as refeições, antes de beber algo, limpe a boca com um guardanapo para não sujar a borda do copo.

*Com a força da natureza, do jejum e
da meditação, na madrugada do vigésimo
segundo dia, Mikao Usui teve uma visão:
viu uma intensa luz branca que o fez
sentir-se em profunda comunicação com Deus.*

Terminada a refeição,
sempre coloque seus talheres lado a lado,
dentro do prato.

*Viu muitas luzes em forma de bolhas
coloridas, contendo em seu interior
os Símbolos sagrados do Reiki.
Através do conhecimento que estava recebendo
e visualizando, foi-lhe dada a compreensão dos
significados dos Símbolos
do Reiki e a utilização prática deles.*

*Aguarde todos terminarem para que
você possa levantar da mesa de refeição e
peça licença para sair.*

Mikao Usui recebia, naquele momento tão especial, a sua iniciação no Reiki e o conhecimento de como utilizar os Símbolos e realizar os rituais iniciáticos para ativar a energia em outras pessoas. Naquele momento mágico, foi descoberto o método Reiki.

Procure nunca arrastar a sua cadeira ao sair de seu lugar à mesa.

Neste momento, não há dúvidas, Mikao Usui foi "capacitado" por Deus. O mais memorável físico de todos os tempos, o cientista alemão Albert Einstein, falecido em 18 de abril de 1955, conhecido por desenvolver a teoria da relatividade, certa vez disse: "Deus não escolhe os capacitados, ele capacita os escolhidos".

"Na praia, na piscina e no campo,
passe protetor solar por todo o corpo.
Não esqueça de passar também nas orelhas".

Mikao Usui descobriu como nos religar à "Energia Cósmica do Universo". Esse processo recebeu o nome de "Reiju", no Japão. Em português, foi traduzido como iniciação", "sintonização", "harmonização". Em inglês, é utilizada a palavra attunement.

Nada de deixar bagunça pela casa, principalmente na sala. Procure mantê-la sempre bem arrumada. Se uma visita chegar, você se sentirá bem e o visitante também!

Depois que uma pessoa é iniciada na técnica Reiki, passa a pertencer a uma determinada "família" ou "linhagem do Reiki", que é a sequência de nomes de Mestres de Reiki que sempre começa, em qualquer linhagem ou escola, no Sensei Mikao Usui.

Todas as casas têm suas normas, tais como hora certa de comer, de estudar, de brincar e de dormir. Respeite-as.

Não existe, na técnica Reiki, linhagem que não leve ao Sensei Mikao Usui. Considero importante que todo Reikiano tenha conhecimento da "família" ou "corrente" de Mestres a qual vai passar a pertencer. Cada novo Mestre de Reiki iniciado aumenta a "corrente".

Se você mora em um edifício, respeite as áreas comuns a todos, como os elevadores, corredores e garagens. Cuidado com o barulho!

O Reikiano deve honrar sua linhagem, conforme nos ensina um dos "Cinco Princípios do Reiki" (o da gratidão), que logo vamos conhecer. Em novembro de 1998, fui iniciado em Tóquio (Japão) no Nível de Mestrado (Shinpiden), passando a pertencer a mais uma importante linhagem de Mestres.

A televisão de sua casa atende a todos. Para mudar de canal, pergunte, antes, se as outras pessoas concordam.

No "Sistema Tradicional de Reiki Japonês", também chamado de "Dentho Reiki", nossa linhagem de Mestres é a seguinte: Mikao Usui > Juzaburo Ushida > Kanichi Taketomi > Houichi Wanami > Kimiko Koyama > Doi Hiroshi > Fuminori Aoki > Johnny De' Carli > meus alunos.

Mude de canal quando alguém mais velho disser que um filme ou programa não é bom para você. Você pode querer saber o motivo. Normalmente, é para seu bem.

No Japão, existem diferentes escolas da técnica Reiki. O Sensei Fuminori Aoki é Presidente da Escola "Reido Reiki", com sede em Tóquio. O Sensei Doi Hiroshi é Presidente da Escola "Gendai Reiki Healing Kyokai", com sede em Kyoto. Ambas seguem as técnicas originais ensinadas pelo Sensei Mikao Usui.

Para manter a saúde sempre em ordem, uma boa higiene é fundamental. Cuide bem do seu corpo!

O certificado que entregamos a todos os nossos alunos, após cada seminário de Reiki, é um documento que comprova que eles receberam a iniciação e os ensinamentos necessários e que também fazem parte
das linhagens que nos levam até o saudoso Sensei Mikao Usui.

Durante o banho, devemos lavar bem as orelhas, o pescoço, as axilas, as partes íntimas e os pés.
São regiões onde transpiramos muito.
Não esqueça de cada cantinho!

*Para um Reikiano, indo ao Japão,
é interessante visitar o Monte Kurama.
Lá existe uma energia muito especial.
É um local sagrado de meditação, contemplação,
paz e inspiração que transmite muita
tranquilidade. Ouve-se somente
o som da água corrente e dos pássaros.*

Filmes violentos e de terror fazem mal para
a mente e atrapalham o sono. Devemos escolher
coisas legais para assistir na televisão.

Quando ainda estava no Monte
Kurama, mesmo após o longo período
de jejum, Mikao Usui sentiu-se bem,
forte e cheio de energia, a ponto de conseguir
caminhar de volta ao mosteiro
onde frequentava, que ficava aproximadamente
a 25km de distância.

Devemos lavar bem nossas mãos, várias vezes
ao dia, principalmente antes das refeições,
antes e após irmos ao banheiro, depois de
brincarmos com animais e ao voltarmos da rua.

*Mikao Usui estava forte e disposto, bem diferente
dos últimos momentos de sua meditação.
Ele não sentia mais as consequências
e os esforços do retiro e do jejum.
Com entusiasmo, levantou-se
e começou a descer a montanha.
Esse foi o primeiro resultado do Reiki.*

Antes de comer uma fruta, lave-a muito bem.
A maioria delas foi tratada com produtos
químicos agrícolas.

Durante a descida da montanha sagrada, na pressa de voltar com suas recentes descobertas ao mosteiro Zen onde frequentava, Mikao Usui tropeçou em uma pedra, machucando bastante a unha de um dedo do pé.

Nosso corpo precisa de água, por isso devemos beber bastante água, todos os dias. Não se esqueça: se ela não for mineral deve ser filtrada ou fervida.

O dedo machucado começou a doer muito e
ele precisou parar a caminhada de retorno.
Instintivamente, Mikao Usui colocou
as mãos sobre o dedo, utilizando os
Símbolos do Reiki.
Em pouco tempo a dor desapareceu e
o dedo começou a recuperar-se.
Esse foi o segundo resultado do Reiki.

Devemos colocar roupas limpas,
diariamente, após o banho.

O terceiro resultado do Reiki deu-se durante o caminho de regresso ao mosteiro. Ao pé da montanha, ele parou num pequeno albergue para peregrinos e pediu uma refeição. Seria sua primeira refeição após todos aqueles dias.

Mantenha suas unhas sempre aparadas e limpas. Unhas grandes acumulam sujeira e micróbios. Peça a um adulto para cortá-las sempre que necessário.

*O velho homem que o atendeu,
vendo o estado de suas roupas e de sua
barba, logo percebeu que o Peregrino havia feito
um longo retiro e jejum e o encorajou
a comer uma comida especial, mais leve,
para não fazer mal ao seu estômago.*

*Os cabelos devem ser mantidos limpos,
lavados com produtos apropriados, cortados
e penteados. Cuide bem deles!*

Mikao Usui recusou a sugestão e pediu uma
refeição completa. Sentado em um banco
sob uma árvore, alimentou-se bem e
não teve nenhum problema digestivo.
Esse foi o terceiro resultado do Reiki. Então,
ele percebeu que a neta do homem que o tinha
servido chorava e que uma parte do rosto da
menina estava inchado.

Não ande sem sapatos em locais de pouca higiene. Procure andar descalço somente numa praia, ao redor da piscina, em um gramado ou em sua casa, se o chão não estiver muito frio.

Perguntou à menina o que estava acontecendo.
Ela respondeu que
estava com muita dor de dente há
três dias, mas o avô era muito pobre
para levá-la a um dentista na cidade.
Mikao Usui ofereceu-se para ajudar.
Aplicou energia Reiki, tocando o lugar onde
doía. O quarto resultado do Reiki aconteceu à
medida que a dor e o inchaço desapareciam.

Dependemos de nossos dentes para mastigar
os alimentos. Cuide bem deles, usando uma
boa escova e o fio dental.

*Ao chegar ao mosteiro Zen onde frequentava, após 25km de caminhada, Mikao Usui soube que seu melhor amigo, um velho monge, estava de cama com fortes dores.
As dores eram provenientes de um ataque de artrite, mal que o afligia há muitos anos.*

Evite comer balas, chicletes, doces, pirulitos e refrigerantes, eles estragam os dentes. Uma vez ou outra, tudo bem!

Depois de tomar banho e comer alguma coisa, Mikao Usui foi visitar o amigo. Enquanto falava de suas experiências no Monte Kurama, colocou as mãos sobre a área dolorida e começou a aplicar a energia Reiki. Muito rapidamente, as dores do velho monge desapareceram.

As escovas dentais macias são as melhores para escovarmos os dentes.

Mikao Usui contou ao amigo que encontrara aquilo que procurara durante tantos anos de busca e pesquisa. Falou sobre a meditação e a visão. Nesta ocasião, denominou a energia que havia aplicado nele, de Reiki.

Após cada refeição ou doce devemos lembrar, sempre, de escovarmos muito bem os nossos dentes.

*O próximo passo de Mikao Usui
foi colocar a técnica Reiki em prática. Depois
de algumas semanas de permanência
com os monges no mosteiro, onde o assunto
foi bastante debatido, ele resolveu
levar a técnica ao mundo, ensinando sua
descoberta às pessoas como Mestre.*

Para escovarmos os dentes direitinho, devemos fazê-lo sem pressa. Escolha começar pela parte de cima ou de baixo, com movimentos da escova no sentido da gengiva para os dentes.

Em abril de 1922, o Sensei Mikao Usui mudou sua residência para a capital do Japão (Tóquio). Lá, abriu uma clínica para oferecer tratamentos com Reiki. Pessoas vinham de todas as distâncias para pedir ajuda, formando enormes filas de espera.

Devemos utilizar uma boa marca de creme dental que limpe e proteja os nossos dentes.

Ao ensinar e tratar as pessoas, o Sensei Mikao Usui primeiro orientava como fazer para não adoecer, ensinando os "Cinco Princípios do Reiki", que havia aprendido com o sábio Imperador Meiji do Japão. Esses "Cinco Princípios" são a base da técnica Reiki.

É bom usarmos o fio dental após as refeições para retirarmos o alimento que fica preso entre os dentes e que não saiu com a escova.

Todo Reikiano deve observar e pôr em prática os "Cinco Princípios do Reiki" que são:

1 - "Só por hoje, não se zangue";

2 - "Só por hoje, não se preocupe";

3 - "Só por hoje, expresse sua gratidão";

4 - "Só por hoje, seja aplicado e honesto em seu trabalho";

5- "Só por hoje, seja gentil com os outros".

Evite ficar mordendo a caneta, o lápis ou outros objetos. Faz mal aos dentes, não é higiênico e você corre o risco de engolir parte desses objetos.

Sentimos raiva quando alguém contraria nossos desejos. A raiva gera muita infelicidade, prejudica a saúde do nosso corpo e o nosso entendimento. Cega a razão. Quanto mais raiva cultivamos, menos felicidade e paz sentimos. A raiva é um veneno, uma fonte de destruição que se acumula nas células do nosso corpo.

Devemos visitar o dentista duas vezes por ano, sem reclamar. Ele nos ajuda a manter os dentes sempre em ordem.

*Com a preocupação sofremos em vão se o problema não surge e sofremos novamente se ele acontece.
Nossa saúde melhora quase que imediatamente quando nossa preocupação acaba.
A criança nasce feliz porque nasce sem preocupações. O adulto pode perder a felicidade se viver preocupado.*

Caminhe pela direita na calçada e preste atenção por onde anda.

A gratidão é a mais bela flor que brota da alma. Palavras de gratidão são doces de se escutar, mas difíceis de se pronunciar.

São como joias raras que não estamos acostumados a usar. A gratidão nos coloca em sintonia com o "Princípio da Abundância". É, provavelmente, dos "Cinco Princípios do Reiki", o mais difícil de seguir.

Quando você estiver caminhando e alguém vier no sentido oposto, desvie pela direita para evitar um esbarrão.

O trabalho é a fonte de toda a riqueza e cultura. O trabalho é fundamental. Sem ele surgem as preocupações e delas surge a doença. Cada um deve procurar a profissão que a sua vocação pede, fazer algo que lhe agrade, tentar ser o que gosta de ser.
É preciso fazer o seu trabalho com amor e com entusiasmo.

Se acontecer de você esbarrar em uma outra pessoa quando estiver caminhando, peça desculpas e tome mais cuidado.

*Quando o Sensei Mikao Usui pregou
o princípio "Seja gentil com os outros" teve o
mesmo propósito de Jesus quando disse: "Faze
aos outros o que queres que te façam". Jesus nos
preveniu de que "Pagaremos até o
último ceitil os nossos atos".
Cada um colhe o que semeia. Podemos esperar
de um o que fizemos ao outro.*

*Não caminhe na rua, lugar de andar
é na calçada. A rua é muito perigosa.*

Em setembro de 1923, Tóquio foi atingida pelo devastador terremoto Kanto. Milhares de pessoas foram mortas, feridas ou ficaram doentes. O Sensei Mikao Usui utilizou a técnica Reiki na cidade devastada, para devolver a saúde às vítimas sobreviventes.

Somente atravesse uma rua sozinho depois que seus pais permitirem e, mesmo assim, tome muito cuidado. Olhe para os dois lados antes de atravessar!

*O Sensei Mikao Usui peregrinava por todo
o Japão, convidando as pessoas que sentiam
tristeza, depressão e problemas de saúde
a assistirem às suas palestras sobre
o método Reiki. Ele chegou a ser
condecorado pelo Imperador do Japão
por seus tratamentos e ensinamentos,
praticados com ideais amorosos.*

Só atravesse a rua nas faixas para pedestres.
São um pouquinho mais seguras.
Mesmo assim, preste muita atenção.

O Sensei Mikao Usui, antes de falecer,
fundou uma organização em Tóquio:
a "Usui Reiki Ryoho Gakkai", que existe e
cuida, até hoje, da prática e dos ensinamentos
da técnica Reiki.
Um de meus Mestres, o Sensei Doi Hiroshi,
é membro desta organização.

Procure atravessar a rua somente onde haja um sinal para pedestres e só pise na pista depois de olhar, antes, para os dois lados da rua.

Antes de falecer, o Sensei Mikao Usui treinou vários Mestres de Reiki e deixou alguns sucessores. Foi passada a eles a responsabilidade de preservar a tradição da técnica Reiki. Também foi determinado que eles deveriam proteger e transmitir a essência original de seus ensinamentos.

Caminhe com calma, sem correr. Aproveite para prestar atenção em sua respiração.

O Dr. Chujiro Hayashi foi um dos Mestres que assumiu com muita dedicação a responsabilidade de ensinar a técnica Reiki. Formando novos Reikianos, assegurou que a técnica Reiki fosse perpetuada e continuasse como o Sensei Mikao Usui havia praticado.

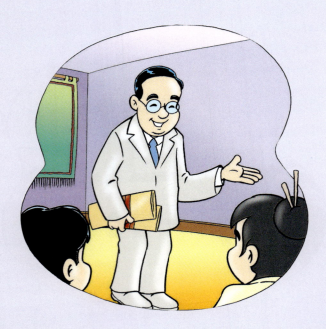

*Fale baixo, evite gritos.
Ninguém gosta de gritaria.*

Chujiro Hayashi, nascido em 1878, veio de uma família rica, de pessoas bem educadas e de boa condição social. Era médico e comandante da Marinha Imperial Japonesa. Falava inglês, o que não era muito comum naquela época no Japão. A exemplo do Sensei Mikao Usui, o Sensei Chujiro Hayashi também foi um homem de muitas virtudes.

A rua é de todos. Jogue papéis de balas, de pirulito, de chiclete, palitos de sorvete ou qualquer outro lixo na lixeira. Se você não achar uma, guarde seu lixo até encontrá-la.

O competente Dr. Hayashi conheceu o Sensei Mikao Usui em uma de suas palestras. Tinha o mesmo objetivo de ajudar os outros, já estava aposentado pela Marinha e ainda era jovem (estava com 47 anos). Passou a viajar com o Mestre, acompanhando, como discípulo, seus tratamentos e ensinamentos.

Aparelhos de som não devem ser ligados em um volume que incomode as outras pessoas.

O Dr. Hayashi foi um dos mais devotos discípulos do Sensei Mikao Usui. Envolveu-se profundamente com a prática do Reiki e recebeu todos os ensinamentos do Mestre. Consciente da importância da técnica, preservou seu conhecimento e fundou uma clínica em Tóquio, próximo ao Palácio Imperial.

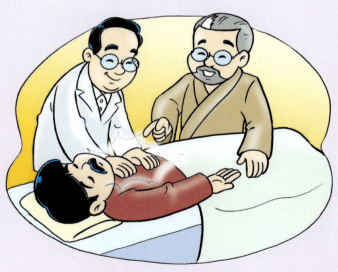

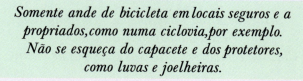

Somente ande de bicicleta em locais seguros e apropriados, como numa ciclovia, por exemplo. Não se esqueça do capacete e dos protetores, como luvas e joelheiras.

A fama do Sensei Mikao Usui espalhou-se por todo o Japão e ele recebeu convites para lecionar em cidades e vilas distantes. Durante uma viagem à cidade de Fukuyama, o Sensei Mikao Usui sofreu um ataque cardíaco e morreu no dia 9 de março de 1926, aos 60 anos de idade.

*Atravesse a rua rapidamente e em linha reta, prestando bastante atenção.
Cuidado com carros, bicicletas e tampas de bueiro.*

*Da mesma forma que Jesus e Buda,
Mikao Usui não deixou nada escrito
por suas próprias mãos.
Em fevereiro de 1927 foi construído
um memorial em sua homenagem.
O memorial do Sensei Mikao Usui é aberto
à visitação e está localizado em um cemitério
público, junto ao Templo Saihoji, em Tóquio.*

*Nunca aponte o dedo para outras pessoas.
É falta de educação.*

O memorial consiste de uma única grande pedra de cerca de 1,20 m de largura e 2,50 m de altura. Nela está inscrito em kanjis antigos do idioma japonês, um relato sobre a vida do Sensei Mikao Usui, a experiência da descoberta e o uso da técnica Reiki. Perto da pedra foram colocadas as cinzas da cremação do Sensei Mikao Usui e de sua família.

Nunca mostre a língua para alguém, a não ser no médico. Isso é indelicado.

A inscrição da grande pedra do memorial foi talhada por Masayuki Okada, Doutor em Literatura e membro da "Usui Reiki Ryoho Gakkai" e escrita pelo Contra-Almirante Juzaburo Ushida, que se tornou Presidente da organização após a morte do Sensei Mikao Usui, seu primeiro dirigente.

Evite colocar o dedo no nariz. Se for urgente, use um lenço. Se puder esperar, limpe-o no banheiro, quando fizer sua higiene.

A Clínica Shinanomachi do Dr. Hayashi tinha oito leitos, em cada um dos quais dois Reikianos tratavam das pessoas. Naquela época, os riscos cirúrgicos eram muito grandes. A penicilina só foi difundida para o mundo após 1945. Qualquer pequena infecção hospitalar podia ser fatal.

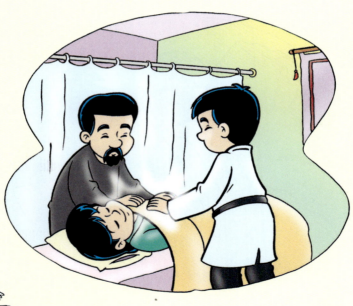

Somente brinque de skate em locais seguros ou apropriados para isto. Não se esqueça do capacete e das luvas.

Em sua clínica, o Dr. Chujiro Hayashi não teve ajuda ou apoio financeiro do governo. Conseguiu mantê-la por mais de quinze anos, graças à colaboração daqueles que podiam pagar pelos tratamentos e aos excelentes resultados que obtinha. Ele atendia, também, às pessoas que não podiam pagar pelas sessões.

Quando entrar no carro, a primeira coisa a fazer é travar a porta e colocar imediatamente o cinto de segurança. Crianças só devem sentar-se no banco de trás.

A clínica chegou a ser reconhecida como alternativa válida e eficaz para todos os tipos de problemas de saúde. Ela não só tratava os doentes como ensinava a prática da técnica Reiki às pessoas interessadas. Os novos terapeutas saíam também para tratar as pessoas que não podiam se locomover por algum motivo.

Quando andamos de carro, não devemos colocar nenhuma parte de nosso corpo para fora. É muito perigoso!

O médico Chujiro Hayashi manteve detalhados relatórios sobre tratamentos. Produziu uma ampla documentação, que demonstrava que a energia Reiki encontra a origem dos sintomas físicos e revitaliza o corpo. Ele pregava que a energia Reiki trata o doente e não as doenças.

Se no carro em que você está não há sacola para lixo, guarde o lixo até achar uma lixeira.

As informações registradas foram usadas por Chujiro Hayashi para criar as posições para a aplicação da energia e organizar os níveis de ensino do Reiki.

Ele denominou essa técnica de "Sistema Usui". Estruturou-a de uma forma que todas as pessoas do planeta possam utilizá-la, sem conhecimentos prévios especiais.

O lixo que é jogado na rua deixa a cidade feia, entope os bueiros e causa alagamentos quando chove.

Sabemos que o Sensei Hayashi era um homem responsável, prático e bastante criterioso. Trabalhou muito em sua clínica, tornando-a famosa, respeitada e próspera. A Clínica Shinanomachi chegou a ser visitada pelo Imperador Japonês. Milhares de pessoas se trataram e foram treinadas nesse estabelecimento.

Somente espere o ônibus ou a condução escolar na calçada e nunca na beirada da rua.

Longe dali vivia Hawayo. Ela nasceu em 24 de dezembro de 1900, na Ilha das Flores de Kawai, no Havaí. Era filha de camponeses, o casal de imigrantes japoneses Kawamuru. Hawayo recebeu seu nome em homenagem à grande ilha, tendo sido adicionada a letra "o", que em sua língua designa os nomes de meninas.

Espere o ônibus ou o carro parar completamente para entrar ou sair dele.

Hawayo Kawamuru não tinha uma estrutura física tão forte quanto a de seus pais. Era esbelta, tinha 1,50 m de altura, mãos frágeis, olhos vivos e alegres. Hawayo pedia a Deus que lhe permitisse fazer com as suas mãos algum outro tipo de trabalho que não fosse ligado à agricultura.

Nunca peça ou aceite carona de uma pessoa desconhecida.

Hawayo trabalhava na agricultura, como boia-fria, na cultura de bambu e de cana-de-açúcar. Por volta de 1914, nas férias escolares, lecionou para alunos de 1º grau numa escola local religiosa. Teve sua experiência como professora muito nova, com apenas 14 anos de idade.

Devemos ser gentis cedendo o nosso lugar no ônibus para pessoas que tenham dificuldade de ficar em pé, que estejam com crianças no colo e para grávidas e idosos.

Hawayo trabalhou também como atendente em uma lanchonete e, depois, como empregada doméstica em uma mansão colonial de uma elegante senhora, onde permaneceu, por ser honesta e trabalhadora, por muitos anos. Chegou a ser governanta e a comandar vinte outros funcionários da residência.

No ônibus ou no transporte escolar, evite gritarias, brigas e empurrões. Evite também distrair o motorista ou conversar com ele.

No dia 10 de março de 1917, Hawayo Kawamuru casou-se com Saichi Takata, um jovem contador que trabalhava na mesma residência. Viveram felizes por vários anos e juntos tiveram duas filhas. Entretanto, no ano de 1930, seu marido morreu, com apenas 34 anos de idade.

Quando usar o metrô, só ultrapasse a faixa amarela na hora de entrar e tome cuidado com a porta automática.

Ficando viúva, Hawayo Takata acumulou em excesso trabalho para manter sua família. A depressão e os problemas emocionais afetaram seriamente sua saúde. Aos 35 anos, doente, Hawayo tinha problemas respiratórios e sentia fortes dores abdominais.

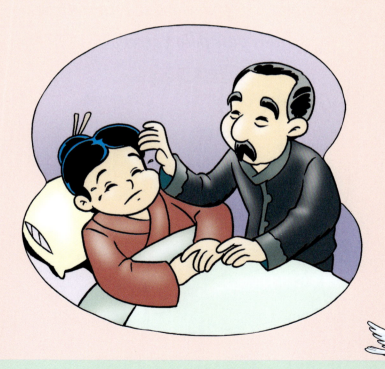

Antes de entrar no elevador, veja se ele está parado. Espere primeiro que as pessoas saiam, antes de entrar. Quem sai tem a preferência.

Após 40 anos longe do Japão, os pais de Hawayo decidiram passar um ano de férias em Yamaguchi, sua cidade natal. Durante a ausência de seus pais, uma das irmãs de Hawayo, com apenas 25 anos, morreu de tétano.

Como Hawayo era uma pessoa sensível, sentiu que não poderia dar esta notícia aos pais pelo correio.

Ao usar o elevador deixe os mais velhos e as mulheres grávidas ou com crianças no colo entrarem antes de você.

Decidiu ir ao Japão e comunicar pessoalmente a notícia a seus pais. Trataria então da saúde no Hospital Maeda, onde seu marido havia sido tratado antes de falecer.

Hawayo Takata aproveitaria também para levar as cinzas da cremação do marido para o Templo Othani, onde ficava o cemitério de sua família.

Numa escada rolante, mantenha um degrau de distância da pessoa que está à sua frente. Muitas precisam de um tempo para sair com segurança. Não encoste nas laterais.

Já no Japão, após dez dias e noites de viagem de navio, Hawayo Takata realizou exames médicos e descobriu que estava com um tumor abdominal, pedras na vesícula e problemas no apêndice, razão pela qual seu estômago doía o tempo todo, impedindo-a de andar erguida.

Fique sempre perto do adulto responsável por você quando estiver no parque, no shopping, no supermercado, no aeroporto, na praia ou na rua. Se você se perder, procure um policial.

Hawayo Takata foi internada para se submeter a uma delicada cirurgia.

Já na sala cirúrgica, minutos antes da operação, Hawayo ouviu várias vezes uma voz afirmando: "A operação não é necessária". Ela acreditava tratar-se da voz de seu falecido marido, advertindo-a para que evitasse a arriscada operação.

Desligue seu celular, ou deixe-o em "vibracall" quando for à igreja, ao colégio, ao cinema e ao teatro. É um sinal de educação e respeito às outras pessoas.

Hawayo Takata não guardou segredo daquilo que estava "escutando". Comunicou o "aviso" ao médico responsável, o Dr. Maeda, que era pessoa muito espiritualizada.

Ele buscou então outro método para tratá-la. Cancelou a operação e indicou um tratamento de Reiki na Clínica Shinanomachi do Dr. Hayashi.

Quando for à igreja, ao cinema e ao teatro, se tiver de falar algo, fale baixo para não incomodar ninguém. Evite ficar levantando, conversando ou brincando para não atrapalhar.

A Sra. Shimura, irmã do Dr. Hayashi, era nutricionista do hospital. Conversou com Hawayo Takata sobre os tratamentos e os excelentes resultados obtidos pelo Mestre de Reiki Chujiro Hayashi. Contou que ela mesma havia sido tirada de um coma profundo depois de esgotados todos os recursos médicos.

*Nunca pegue nada que não lhe pertença sem pedir autorização.
Depois de autorizado, não esqueça de devolver o que usou e de agradecer.*

*Já na Clínica Shinanomachi, Hawayo Takata
começou a receber diariamente o
tratamento com a energia Reiki, aplicado
por dois Reikianos simultaneamente.
Em quatro meses, estava totalmente recuperada
de seus problemas de saúde.
Havia ganho cinco quilos e parecia
estar dez anos mais jovem.*

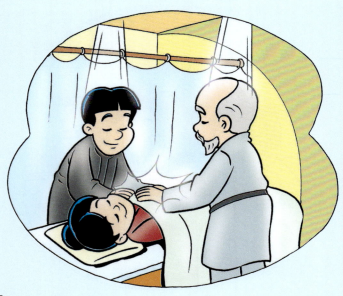

Evite brigas, mas procure se defender sempre.

Durante o tratamento, Hawayo Takata não entendia como as mãos daquelas pessoas que a tratavam podiam esquentar tanto. Chegou a procurar pilhas escondidas nos Reikianos. Hawayo Takata, muito curiosa e interessada, foi a primeira cidadã ocidental a sentir vontade de aprender a técnica Reiki.

Desenvolva uma cultura de paz, respeitando as diferenças raciais, sociais, culturais e religiosas das outras pessoas.

Na sociedade japonesa daquela época, a técnica Reiki era um tesouro reservado, inacessível às pessoas estrangeiras. Hawayo teve seu primeiro pedido rejeitado. Somente após usar o forte argumento de ter que ajudar os japoneses que viviam nos Estados Unidos foi-lhe dada a permissão de aprender a técnica.

*Nunca fure uma fila.
Além de ser errado, imagine como seria
se todos tivessem esta mesma ideia.*

*Hawayo concordou em permanecer no Japão
e trabalhar na clínica de Reiki todos os
dias ao longo daquele ano, a fim de adquirir
experiência e pagar pelo curso que faria. Ela
foi então hospedada, juntamente com suas duas
filhas, pela família do Dr. Hayashi
e recebeu o primeiro Nível do Reiki
na primavera de 1936.*

*Faça sempre silêncio quando visitar um hospital.
Os doentes precisam de silêncio e de repouso
para ficarem bons.*

Hawayo Takata tratou muitos casos diferentes com sucesso e aprendeu que, para tratar do efeito, seria preciso remover a causa. Cumpridas com êxito as exigências impostas para que aprendesse o primeiro Nível, ela recebeu o treinamento do segundo Nível.

Quando for visitar um hospital, fique próximo aos mais velhos e evite tocar em objetos. Se usar o corrimão ou banheiro, lave as mãos imediatamente.

Hawayo Takata voltou em seguida para o Havaí, até então sem a intenção de se tornar uma Mestre de Reiki. Instalou-se com a família em uma casa em Hilo, na Avenida Kilauea, onde, durante dez anos, funcionou seu primeiro espaço para aplicação de energia Reiki. No Havaí, sua fama de Reikiana cresceu com rapidez.

Se usar um banheiro público, não encoste no vaso sanitário.

*No segundo semestre do ano de 1937, a Reikiana Hawayo Takata recebeu em sua casa a visita do Sensei Chujiro Hayashi e de sua filha.
Eles permaneceram no Havaí durante seis meses, proferindo palestras, realizando seminários de Reiki, tratando pessoas e dando demonstrações da técnica.*

*Aprenda a dizer obrigado muitas vezes ao dia.
É uma maneira educada de demonstrar gratidão.*

Em 22 de fevereiro de 1938, antes de deixar o Havaí de volta ao Japão, o Sensei Hayashi comunicou a todos que Hawayo Takata era Mestre de Reiki e estava autorizada a transmitir a técnica. Ela era a sétima Mestre treinada por ele e a primeira mulher Mestre de Reiki no Ocidente, permanecendo a única até 1970.

Diga obrigado na hora de se despedir da pessoa que o tenha convidado para uma festa.

O Sensei Chujiro Hayashi, além de ser muito intuitivo, tinha uma visão muito clara sobre os acontecimentos de sua época. Como militar, ele pressentiu, no ano de 1938, que uma grande guerra entre o Japão e os Estados Unidos da América iria começar e que muitos homens faleceriam em combate.

Os meninos falam obrigado e as meninas obrigada. Esta palavrinha é mágica e facilita muito a sua vida.

O Sensei Chujiro Hayashi, como reservista da Marinha Japonesa e membro de uma antiga e tradicional família do Japão, não poderia fugir ao dever com seu país. Por outro lado, após muitos anos como médico e Mestre de Reiki, não aceitava tomar parte na guerra, pois não poderia tirar a vida de seres humanos.

Diga obrigado mesmo que você não aceite algo que lhe tenha sido oferecido.

O bondoso e consciente Mestre de Reiki Chujiro Hayashi, não querendo ser recrutado para participar da violência que se aproximava, procurou de todas as formas uma alternativa pacífica, mas não a encontrou.

Nada de brincar de corrida com o carrinho de supermercado. Se o estiver empurrando, preste atenção nas pessoas e prateleiras. Assim, você evita acidentes.

No ano de 1940, a Mestre de Reiki Hawayo Takata sonhou nitidamente com o Sensei Chujiro Hayashi vestido com um quimono de seda branca (cor japonesa do luto). Muito angustiada e preocupada, Hawayo ficou inquieta e resolveu ir ao Japão para ver o que estava acontecendo com o seu Mestre.

Diga obrigado quando alguém servir seu prato em casa, na casa de um amigo, numa festa ou num restaurante.

Quando Hawayo Takata chegou ao Japão, o Sensei Hayashi falou-lhe sobre a guerra, quem seria o vencedor, o que deveria fazer e onde deveria ir para evitar os perigos da condição de cidadã americana, com descendência japonesa. As orientações, visando proteger a divulgação da técnica Reiki, foram seguidas.

Quando sair de casa, saia sempre com uma identificação contendo o seu nome, seu endereço e o número de telefone da pessoa responsável por você.

O Sensei Chujiro Hayashi assegurou a sobrevivência da técnica Reiki à Segunda Grande Guerra Mundial. Entre os seus discípulos, treinou e deu o Mestrado da técnica Reiki a duas mulheres: sua esposa Chie Hayashi e a sua dedicada discípula Hawayo Takata.

Diga obrigado sempre que alguém lhe fizer um favor, quando receber um convite e na hora de devolver algo que lhe tenha sido emprestado.

Essa atitude foi ditada por sua sabedoria interior. Ele tinha certeza de que a maioria dos homens seria convocada para defender o Japão. O Sensei Hayashi tomou a decisão correta, pois ambas sobreviveram: sua esposa Chie, que permaneceu no Japão e Hawayo Takata, que morava no Havaí.

Agradeça quando alguém lhe fizer um elogio.

Quando todas as providências necessárias à preservação da técnica Reiki foram tomadas, o Dr. Hayashi reuniu a família e os Mestres de Reiki que havia formado, nomeou Hawayo Takata como uma das responsáveis pela divulgação da técnica Reiki e comunicou a todos que estava para morrer.

É muito feio abrir embalagens e comer dentro de um supermercado antes de passar pelo caixa. Deixe para fazer isso depois de pagar pelo produto.

Sentado à maneira tradicional japonesa, o Sensei Chujiro Hayashi fechou os olhos e deixou seu corpo, conscientemente, entre os amigos. Vestia o mesmo quimono que Hawayo Takata vira no sonho que a levara ao Japão. Incluindo a senhora Chie Hayashi, havia somente cinco Mestres de Reiki vivos, iniciados por ele.

Na rua, se você pedir algo e sua mãe ou seu pai não comprarem, não chore nem faça birra. Eles tiveram um bom motivo para não comprar.

A Sensei Hawayo Takata ficou por pouco tempo no Japão para ajudar nos preparativos do funeral. Seguindo as orientações do Sensei Chujiro Hayashi, terminou seu trabalho no Japão e logo regressou de navio ao Havaí, a fim de dar continuidade à sua missão de divulgar a técnica Reiki no mundo ocidental.

Quando pedir ajuda, perguntar algo ou alguma coisa a alguém, use a palavra mágica: por favor.

Querendo ter uma melhor compreensão dos aspectos físicos e técnicos da anatomia humana, a Sensei Hawayo Takata cursou a "Universidade Nacional de Medicina sem Medicamentos" (National College of Drugless Physicians), em Chicago. Tornou-se uma competente Reikiana e introduziu o ensino da técnica Reiki no Ocidente.

Peça por favor para usar o telefone fora de sua casa. Em sua casa, seja breve, você estará economizando um dinheiro que poderá ser gasto em outra coisa.

*Constatou que todas as pessoas que eram iniciadas
gratuitamente no Reiki,
não percebiam a grandeza do método e por
esse motivo não lhe davam o devido valor.
Lembrou-se de que o Sensei Hayashi havia
alertado para esse fato. Decidiu, então,
estipular preços para a iniciação,
de acordo com os diferentes Níveis do Reiki.*

*Peça por favor antes de perguntar
a alguém que horas são.*

Durante 30 anos, a Sensei Hawayo Takata ministrou seminários e tratou pessoas, divulgando a técnica. Nesse período, sentiu necessidade de passar a totalidade dos ensinamentos do Reiki. Decidiu iniciar 22 Mestres, recomendando-lhes respeitar a liderança de sua neta, Phyllis Lei Furumoto.

Quando você se arrepender de algo ou estiver errado, peça desculpas. Agindo assim, mostrará ser uma pessoa de caráter.

A Mestre de Reiki Hawayo Takata faleceu no dia 12 de dezembro de 1980. Suas cinzas foram colocadas no templo budista de Hilo. Recentemente, as cinzas foram transferidas por sua neta Phyllis Lei Furumoto para um outro local desconhecido da comunidade Reikiana.

Quando errar com alguém, procure reconhecer sua falha e não se esqueça de procurar a pessoa para se desculpar. Se esforce para fazer isso sempre, por mais difícil que lhe pareça.

Quando menina, sua neta Phyllis Lei Furumoto recebeu a iniciação do Nível 1 diretamente da avó.

Nos anos seguintes ao falecimento de Hawayo Takata, Phyllis assumiu a responsabilidade de dar continuidade à divulgação da técnica Reiki no Ocidente. Ela já esteve, inclusive, no Brasil.

Quando você esbarrar em alguém, sem querer, diga: "Desculpe".

O Reiki transformou-se na técnica de autoajuda e terapia complementar de maior expansão no planeta. Praticamente não existe nenhuma região do globo em que a técnica ainda não esteja sendo ensinada e praticada, seja nas Américas, na Europa, Ásia, Oceania ou África.

Se você chegar com atraso a um compromisso ou à sala de aula, diga: "Desculpe pelo atraso".

O primeiro seminário de Nível 1 de Reiki, feito no Brasil, ocorreu nos dias 28, 29 e 30 de novembro de 1983 e o primeiro seminário de Nível 2 aconteceu nos dias 01 e 02 de dezembro do mesmo ano. O Nível 1 foi ministrado no Rio Palace Hotel, na Avenida Atlântica (Copacabana) e o Nível 2 no Leme Palace Hotel (Leme), ambos na cidade do Rio de Janeiro.

É muito importante devolvermos as coisas que pegamos emprestadas. Se você se atrasou ou se esqueceu de devolver, tudo bem, mas procure a pessoa, devolva e desculpe-se pelo atraso!

*Ambos foram ministrados pelo Mestre
de Reiki norte-americano Stephen Cord Saiki
que foi quem "trouxe" a técnica Reiki para o
Brasil. Participou destes seminários a
Sra. Juraci Carvalhal da Silva, que anos depois
concluiu seu Mestrado em nosso
Instituto de Reiki.*

*Quando machucar alguém sem querer, diga:
"Desculpe, foi sem querer".*

Em 1996, os primeiros livros sobre a técnica Reiki começaram a ser traduzidos para o português. Esse fato foi decisivo para que a técnica se tornasse conhecida pelo público brasileiro. Atualmente, temos muitos livros e revistas a respeito do Reiki no nosso idioma, a maioria escrita por autores estrangeiros.

Ao telefonar para alguém, se a ligação cair na casa errada, seja educado com a outra pessoa, diga: "Desculpe, foi um engano".

No mês de março de 2005, a editora portuguesa DINALIVRO, com sede em Lisboa - Portugal, publicou o livro "Reiki para Crianças", que passou a ser o primeiro livro de Johnny De' Carli publicado em Portugal.

"Em um chat, informações preciosas não podem ser reveladas, como nome da escola, cidade ou qualquer outro dado identificador".

No ano de 2010, o livro "Reiki para Crianças" foi publicado na Espanha, pela Editora EDAF, com sede em Madrid, capital da Espanha.

Com este, passamos a ter dez livros de Reiki publicados na Europa, cinco em Portugal e cinco na Espanha.

"Igual ao mundo real, no virtual também existem perigos para a criançada".

*Desde então, na Espanha,
o livro "Reiki para Crianças"
passou a ser recomendado por diversas
escolas e Mestres de Reiki, como manual
oficial de Reiki para crianças.*

"Jovens devem tomar cuidado com o que dizem nas conversas online".

Atualmente, vários países promovem Congressos de Reiki. Como exemplo, em maio de 2009, aconteceu em Madrid, o primeiro Congresso Espanhol de Reiki. O auditório ficou lotado, com 450 participantes. Nos dias 15 e 16 de maio de 2010, no segundo Congresso Espanhol, ocorrido em Barcelona, lançamos este livro, traduzido para o idioma espanhol, na presença de mais de 400 Reikianos.

"Crianças devem ser lembradas que, assim como não passamos nossas informações pessoais a desconhecidos na vida real, não podemos passá-las a estranhos na Internet".

Devido às origens místicas do nosso povo, a técnica Reiki é bem aceita pelo público brasileiro. Tornou-se uma prática de recuperação e manutenção da saúde para dezenas de milhares de pessoas no Brasil. A comunidade Reikiana brasileira, a exemplo do que acontece no mundo inteiro, cresce com muita rapidez.

Quando esquecer de ir a um compromisso marcado, procure a pessoa o mais rápido possível e desculpe-se pelo esquecimento.

Tive a alegria e a honra de ter sido escolhido para iniciar, na técnica Reiki, pessoas conhecidas e queridas do povo brasileiro. Entre elas podemos destacar as atrizes Maitê Proença (Nível 2), Suely Franco (Nível 3-A), Vera Gimenes (Nível 3-A) e o cantor Roberto Carlos (Nível 3-A).

Quando desobedecer uma ordem ou responder feio para alguém, peça desculpas.

Em dezembro do ano de 2001, o cantor Roberto Carlos esteve no programa "Domingão do Faustão" e deu a seguinte declaração: "Sou um Reikiano de Nível 3-A. Reiki é uma coisa maravilhosa, só um Reikiano sabe o valor que tem o Reiki. Trabalhamos com a energia boa do ambiente. Não é uma religião".

Você cria uma energia muito positiva ao seu redor cumprimentando sempre as outras pessoas.

Apesar de ter seus fundamentos no Budismo, a técnica Reiki não se vincula a nenhuma religião. Reiki é sagrado, mas não é uma religião. Qualquer caminho espiritual pode enriquecer o Reiki e o Reiki pode enriquecer qualquer caminho espiritual. Adapta-se a qualquer cultura, raça, credo ou idade.

Olhe nos olhos das pessoas ao cumprimentá-las.

*Apesar de o Reiki não ser religião,
os Reikianos japoneses, em geral,
são religiosos adeptos do Budismo e o Zen
é a forma de Budismo mais conhecida e
praticada entre os Reikianos no Japão.
Mais do que uma religião, o Zen Budismo
é uma filosofia da vida.*

Logo cedo, ao ver alguém, diga: "Bom dia!"

A essência do ensinamento de Buda é evitar todo mal, procurar o bem e conservar a mente pura. Buda, o fundador do Budismo, líder espiritual do Oriente, nasceu em Kapilavastu, em território do Nepal. Filho do Rei Suddhodana, entregou toda a sua fortuna para dedicar-se a ensinar a Verdade.

Cumprimente seus vizinhos e conhecidos ao encontrá-los dentro do elevador, na escola ou na rua.

Reiki é uma palavra japonesa. "Rei" significa universal e refere-se à energia que mantém todas as coisas e tudo quanto existe.
"Ki" é a energia vital individual que flui em todos os organismos vivos e os mantém. Quando a energia "ki" sai de um corpo, ele deixa de ter vida.

Cumprimente a professora e os funcionários quando chegar à escola.

A "Energia Cósmica Universal" é tão presente e natural como o ar que respiramos. Reiki é um processo de encontro da "Energia Cósmica Universal" (Rei) e a nossa energia física (ki). A ligação ocorre depois do processo de iniciação ou sintonização, feita por um Mestre experiente.

Cumprimente sempre as visitas que chegarem a sua casa, sem que seus pais precisem pedir. Todos ficarão contentes.

*A energia Reiki está à disposição do Reikiano
24 horas por dia, independentemente da
situação, do local ou de quem o pratica.
Uma pessoa pode aplicar Reiki em qualquer
lugar, seja na escola, antes de uma prova, numa
sala de espera de um dentista, no avião,
no ônibus, no táxi, na cama, ao acordar
ou antes de dormir.*

*Antes de ir dormir, diga às
pessoas de sua casa: "Boa noite!". Faça uma oração,
agradecendo pelo dia!*

Uma vez estabelecida a ligação, a energia entra no corpo do Reikiano através do topo da cabeça (Chacra Coronário), inunda o corpo e em seguida flui do coração (Chacra Cardíaco) para as mãos. Reiki é uma energia de amor canalizada através do nosso coração.
Toda energia de saúde é uma energia de amor.

Aperte a mão das pessoas mais velhas ao cumprimentá-las.

*O bambu é o símbolo da técnica Reiki.
Por sua simplicidade, resistência ao vento
(quando enverga), retidão e perfeição,
pode representar o funcionamento da energia.
O bambu, apesar de forte, é flexível, servindo
para a fabricação de móveis
e para as construções.*

Chame sempre os mais velhos de senhor ou senhora, sem discriminação, sejam eles pessoas simples ou importantes.

*Entre um nó e outro, o bambu é vazio,
representando os que escolheram ser canais
de Reiki. Reikianos passam a funcionar
como verdadeiros tubos de energia Reiki.
Seus nós simbolizam os diferentes estágios do
caminho, representam o objetivo
de nossa viagem interior, nosso
crescimento e evolução.*

*Quando você estiver com um conhecido
e encontrar outro que não o conhece,
apresente-os.*

Quando decidimos ser um Reikiano, é preciso procurar um Mestre de Reiki experiente e participar pessoalmente de um ritual de iniciação. Um verdadeiro Mestre de Reiki recebeu uma série de transmissões de energia e está pronto para ativar esta energia nos outros.

Deixe sempre os adultos falarem primeiro.

No Oriente, a palavra Mestre não é masculina nem feminina. Daí o termo Mestre para ambos os sexos. O Mestre de Reiki é um instrutor. No Ocidente é chamado de Mestre ou Reiki Master e, no Japão, de Sensei. No Japão, Sensei é a forma de o aluno se dirigir ao professor.

Caso você esteja sentado, levante-se para cumprimentar qualquer pessoa. Isto mostra que você a respeita e sente carinho por ela.

*Neste caso, a palavra Mestre não quer dizer
pessoa iluminada como Jesus, livre do carma,
nem de alguém que tenha poder sobre os demais,
que seja melhor que os alunos,
nem de hierarquia superior.
O Mestre de Reiki deve evitar ser venerado
ou idolatrado por seus alunos.
Somos todos semelhantes.*

*Ao apresentar seus pais a alguém, apresente primeiro
sua mãe, depois o seu pai. Devemos primeiro
apresentar as mulheres, depois os homens.*

*Atualmente existe um grande
número de seminários de Reiki sendo oferecidos,
o que beneficia essa técnica, o planeta e
a humanidade. Porém, esse crescimento
pode fazer com que muitas pessoas sintam
dificuldades em escolher
o mais adequado para si.*

*Ao pedir passagem diga: "Com licença?"
Nada de sair empurrando as pessoas.*

Alguns Mestres misturam conhecimentos esotéricos e místicos com a prática original. Como não existem critérios oficiais que sirvam como referência para o ensino da técnica, para o iniciante fica ainda mais difícil avaliar o que é Reiki e o que não é, se o que irá encontrar será suficiente para sua prática.

Quando quiser entrar ou sair da sala de aula peça licença ao professor. Se ele estiver falando, não o interrompa. Levante o braço e aguarde até ser chamado.

O candidato deve procurar conhecer o Mestre antes de realizar um seminário com ele. Procure saber sobre o seu trabalho, quantos anos de prática possui, onde foi treinado, quem foi o Mestre dele. Uma indicação de amigos é um ótimo critério para a escolha de um Mestre de Reiki.

Quando precisar interromper uma conversa, peça licença. Devemos evitar interromper sem necessidade.

Faça perguntas práticas ao Mestre sobre o conteúdo e a carga horária do seminário, se haverá acompanhamento posterior, qual o preço e o porquê das diferenças de preços dos outros mestres. Por último ouça sua "voz interior", use a intuição.
Não devemos agir impulsivamente.

Quando quiser participar de uma brincadeira, peça licença para entrar.
Se preferir pergunte: "Posso brincar?"

Um Mestre deve deixar claro que não é o "dono da verdade", que não irá transmitir a "sabedoria absoluta" e, que, tampouco, é o "dono do Reiki" ou o único a transmitir o verdadeiro Reiki. Cada Mestre tem um jeito particular de ensinar. Não existe um curso igual a outro. Cada seminário tem suas características próprias.

Se você tiver de passar entre duas pessoas que estejam conversando diga antes: "Com licença?"

Existem Mestres itinerantes que passam por diversas cidades ensinando. Um aspecto importante a observar na prática de um estre é que ele esteja acessível para tirar dúvidas que surjam após o seminário.

Os alunos devem poder localizá-lo, seja pela Internet, pelo telefone ou por qualquer outro meio de comunicação.

Na igreja, na escola, no cinema, num restaurante, etc., peça licença para passar por alguém já acomodado.

O Mestre de Reiki precisa oferecer apostilas adequadas, que sirvam como boa fonte de consulta e estudo para seus alunos.

O bom Mestre de Reiki é aquele que cria bons Reikianos. O verdadeiro Mestre não é aquele que tem mais conhecimento, mas aquele que transmite mais conhecimento a seus alunos.

A escola e a nossa casa são os locais onde nos ensinam a conviver com as outras pessoas. Aproveite essa experiência, porque ela será útil no futuro.

Avalie a facilidade com que alguns Mestres iniciam outros Mestres de Reiki, sem quaisquer limitações, não retendo conhecimento, principalmente nas cidades onde não reside. O verdadeiro Mestre não é aquele que tem mais discípulos, mas aquele que forma mais Mestres.

Na escola passamos grande parte do nosso tempo construindo nosso futuro e nossa personalidade. Faça boas amizades!

Reter é perecer. A beleza da técnica Reiki está em ensinar em sua plenitude, de forma humilde e amorosa, ficando o aspecto financeiro como consequência de um trabalho de amor. É muito fácil ensinar método Reiki, desde que estejamos atentos e ligados aos "Cinco Princípios do Reiki".

Evite conviver com colegas que fazem coisas erradas como uso de drogas, violência e falta de educação.

Todos podem ser Reikianos, as crianças (de preferência, a partir dos sete anos de idade), anciãos e pessoas doentes. A beleza do Reiki está na sua simplicidade. Isto é o que o torna acessível a todos, basta querer.

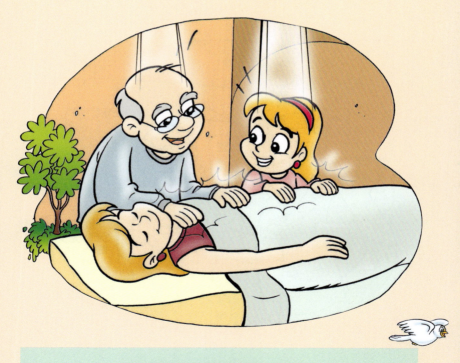

No colégio existem regras para que todos possam conviver em igualdade. Devemos respeitar estas normas.

*Reiki é a democratização da saúde.
Um analfabeto poderá ser um excelente
Reikiano. A energia canalizada por uma
pessoa com baixa escolaridade não é diferente
em nada da energia canalizada
por um profissional com diplomas.
É tão simples que até resistimos
a crer que seja real.*

*Devemos ser pontuais. Se houver algum
imprevisto que faça você se atrasar,
explique o motivo.*

Não requer diagnóstico para tratar nem mesmo problemas crônicos de saúde. Isto acontece porque Reiki é uma
energia inteligente, penetra no corpo do receptor e através dos canais de energia do corpo, dirige-se à causa ou a origem dos desequilíbrios ou enfermidades.

Aguarde a professora terminar de falar,
para tirar uma dúvida na sala de aula.
Levante a mão. Após autorizado, pergunte.
Depois, não se esqueça de agradecer.

*Reiki é amor. Utilizar o Reiki é
nosso direito inato. Acredite!
Você pode ser um Reikiano, desde que
receba o treinamento específico.
Aprender a técnica Reiki não exige muito
tempo e nem requer meses de estudo. Desde
o início, aprendemos a lidar com a energia.
É uma técnica de uso imediato.*

*Não jogue lixo na sala de aula e no pátio
do recreio. Lugar de lixo é na lixeira!*

O iniciante que participa do seminário de Nível 1, com apenas um dia de aula já pode aplicar Reiki com sucesso.
Os conhecimentos passados são simples. O que se ensina são as posições das mãos. Damo-nos conta de que somos capazes de nos ajudar e de proporcionar conforto ao próximo necessitado.

Não brinque de basquete com a lixeira.
Levante-se e vá até ela jogar o seu lixo.

A maior parte dos alunos de Reiki no Nível 1, participa do seminário por ter recebido recomendações de amigos. Muitos se inscrevem motivados pela mudança no comportamento que notaram em um parente ou conhecido que já tenha realizado o seminário.

A sala de aula não é lugar apropriado para comer bala ou mastigar chiclete. Use o intervalo para isso!

A iniciação do "Sistema Usui de Cura Natural" (Reiki) é o que faz o Reiki diferente de outras práticas terapêuticas conhecidas, que podem ser assimiladas através de livros, revistas, apostilas, palestras, pesquisas na Internet, fitas de áudio ou de vídeo.

Comporte-se quando a professora precisar se ausentar da sala de aula por algum motivo.

As iniciações no Reiki são muito precisas e só podem ser transmitidas por um Mestre de Reiki devidamente treinado. Durante o ritual, o Mestre de Reiki utiliza uma antiga técnica tibetana, que liga o indivíduo a níveis mais elevados de consciência e à "Fonte Ilimitada da Energia Universal".

Cuide bem da sua escola, ajudando a mantê-la arrumada. Ela é nossa segunda casa.

Não se deve praticar a técnica sem uma iniciação e orientação. Quem aplica Reiki sem ter sido iniciado não estará utilizando a energia Reiki e pode comprometer a sua própria energia vital com resultados prejudiciais à saúde. O Reiki não desgasta o praticante, pois a técnica não utiliza a energia do Reikiano.

Na escola ou em lugares públicos,
não escreva nas carteiras,
portas dos banheiros e paredes.

Muitos têm medo quando se defrontam com uma situação desconhecida. Nada no Reiki, incluindo o processo iniciático, pode prejudicar alguém. A iniciação no Reiki é um ritual de grande beleza. Um momento único, especial e sagrado.

Se seu colega de sala responder errado a alguma pergunta, nunca ria dele. Você também poderá errar em algum momento e não gostaria que rissem de você.

Reiki vem diretamente da mais alta "Fonte Espiritual" e as iniciações devem ser tratadas com muito respeito. Devemos aproveitar essa oportunidade. Esse processo é um presente, um verdadeiro milagre.

Se algum colega se atrasar nunca ria, você não sabe o motivo do atraso.

*A Sensei Hawayo Takata, introdutora do Reiki no Ocidente, costumava comparar a iniciação de um Reikiano à sintonização de um aparelho de rádio ou TV.
Para assistir a um determinado canal precisamos sintonizar o aparelho na frequência da rede transmissora.*

Não coloque apelidos em seus colegas e nem os ridicularize por suas diferenças, sejam elas físicas ou de qualquer outra espécie. Respeite-os como são!

Para nos conectarmos à "Energia Cósmica Universal", devemos estar sintonizados com ela. Para muitas pessoas, o importante momento da iniciação marca suas vidas de forma significativa. Ficamos mais amorosos, humildes e tolerantes.

Quando o seu colega estiver falando, não o interrompa.

A iniciação fica profundamente enraizada no iniciado. Ela não se perde e nos acompanhará definitivamente. Os canais permanecerão abertos pelo resto da existência do Reikiano, mesmo que por um longo período não sejam usados. Não é fundamentalmente necessário concentrar-se ou acreditar.

Cumprimente seus colegas nos dias em que fizerem aniversário. Diga: "Parabéns, feliz aniversário!" Todos gostam de ser lembrados.

Quanto mais o Reikiano usa a energia Reiki, mais aumenta sua capacidade de canalização. Seus canais de condução de energia se abrem como consequência da prática.
Os canais podem se tornar mais fortes com a prática ou mesmo enfraquecerem por falta de uso, mas sempre poderão ser reativados pelo uso.

Na hora do recreio, em sua escola, beba água e aproveite para ir ao banheiro. Coma seu lanche primeiro, depois brinque.

*O Reiki nos ajuda a despertar o poder que habita dentro de nós.
É uma das maiores forças deste planeta para a evolução das pessoas. Quando nos tornamos um verdadeiro canal de Reiki, abre-se para nós um mundo totalmente novo, diferente, que a princípio não acreditávamos poder existir.*

*No esporte, saiba ganhar e perder.
O importante é participar. Nada de brigas!*

Todos os canais energéticos do corpo, responsáveis pela captação e distribuição da nossa energia, são reativados para funcionarem corretamente. As mãos irradiam energia quando colocadas sobre as partes doentes do nosso corpo ou no de outras pessoas, trazendo harmonia e saúde.

No esporte, se vencer não fique convencido. Elogie os que perderam, de coração.

A iniciação de uma única pessoa é um processo muito rápido, não demora mais do que vinte minutos.
A sala fica energizada por um bom tempo depois do ritual e a sua temperatura chega a sofrer um aumento considerável durante o processo.
Funciona como uma benção para o local.

No esporte, se perder não fique chateado, não querendo mais jogar.
Cumprimente os vencedores. Há dias em que ganhamos e há dias em que perdemos.

Durante o processo de iniciação, a pessoa que está sendo ativada poderá experimentar uma série de sensações, como muita paz e harmonia, um calor agradável, um profundo relaxamento, calor nas mãos, tristeza, choro ou amor.
O iniciando também poderá ver luzes e cores.

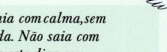

Na escola, na hora da saída, saia com calma, sem empurrões, de maneira educada. Não saia com nenhum estranho, mesmo que este diga que veio em nome dos seus responsáveis.

Uma das primeiras perguntas que escutamos dos novos alunos que se iniciam na técnica Reiki é: "Por que existe a divisão do Reiki em Níveis diferentes?". Sabemos que o Sensei Mikao Usui utilizava três Níveis diferentes de iniciação na técnica.

O aniversário de qualquer pessoa é uma data muito especial. Por isso, dê-lhe parabéns e compartilhe sua alegria com ela.

Vários Mestres também dividem a técnica Reiki em somente três Níveis. Outros dividem o terceiro Nível em dois subníveis: o de "Mestre Interior (3-A)" e o de "Mestre (3-B)". No Ocidente, essa divisão facilita a didática e o entendimento da energia Reiki em seus aspectos mais profundos.

Faça sua festa de aniversário em um dia que não coincida com a festa de um colega do grupo. Os convidados ficarão indecisos em que festa ir.

Os rituais iniciáticos são realizados pelo Mestre de Reiki, no mesmo dia dos seminários. Os seminários de Reiki ocorrem em períodos de aula e vivências que variam de 7 a 9 horas, de acordo com a quantidade de alunos e a didática do Mestre.

Evite fazer sua festa de aniversário em dias feriados pois seus colegas poderão viajar com os pais.

O fato de termos recebido a sintonização correspondente a um Nível de determinado Mestre de Reiki não nos obriga a realizar os demais Níveis com o mesmo Mestre. Nenhum estudante de Reiki precisa continuar em contato com seu Mestre depois de um seminário e nem ser dependente dele. Reiki não é uma seita, Reiki é amor.

O convite para a sua festa de aniversário deve conter seu nome, o dia da festa, o local e o horário. Procure telefonar depois, confirmando a presença das pessoas.

O ser humano pode ser comparado a uma instalação elétrica completa, cuja lâmpada não acende por estar desatarraxada.

O que o Mestre de Reiki faz é somente atarraxar o contato da lâmpada. O Reikiano não é criado pelo Mestre e sim é despertado. Por isso, denominamos o Nível 1 da técnica Reiki de "O Despertar".

*Na sua festa de aniversário, não esqueça de convidar um colega que já o tenha convidado antes.
É um sinal de respeito e consideração.*

O Nível 1 do Reiki, além da denominação "O Despertar", utilizada em nosso Instituto, recebe também outros nomes, tais como: "Reiki 1", "Shoden" ou "Nível Físico". A transmissão da energia Reiki é feita através do contato das mãos do Reikiano no corpo do receptor da energia.

No dia do seu aniversário, coloque uma roupa bem bonita e que seja confortável para brincar.

Quem é iniciado no Nível 1 de Reiki passa a transmitir a energia através das mãos ao colocá-las sobre aqueles que devem ser harmonizados. Isto acontece inclusive com ele mesmo, através da auto aplicação e da aplicação em animais, plantas, sementes e alimentos.

No dia de seu aniversário, receba os convidados na porta de entrada.

Após a iniciação em cada um dos Níveis, a pessoa passará por um processo de purificação energética. Todas as toxinas que se acumularam no organismo por vários anos serão liberadas. Essa liberação normal e saudável de toxinas do corpo é conhecida como "crise curativa".

No dia de seu aniversário, agradeça primeiramente a presença dos convidados e depois por receber presentes.

Se não acontece essa liberação, os bloqueios permanecem reprimidos, desaparecendo os sintomas apenas superficial e não plenamente. Essas reações são comuns também no início de um tratamento com Reiki, fazendo com que a pessoa se sinta "diferente" logo após uma sessão ou iniciação de Reiki.

Anote sempre o nome de quem deu o presente. Você poderá ficar em dúvida, na hora de agradecer pelo que recebeu.

Pode parecer que nossa condição física piorou. Na verdade, estaremos passando por um processo de limpeza que pode, no máximo, ser minimizado, nunca evitado.

Reiki é libertação. Limpa tudo com grande força purificadora, mas não é fácil o corpo inteiro se desintoxicar.

Agradeça também pelos presentes dos quais você não tenha gostado. Agradeça igualmente a todos, pois o que vale é a intenção.

No Nível 1, o processo de limpeza poderá durar até 21 dias. Há vezes em que os novos Reikianos podem ter reações de liberação bastante intensas. A piora temporária é proporcional à quantidade de material tóxico retido nas células em mal funcionamento no corpo.

Caso já tenha recebido um presente igual, nunca diga: "Já tenho". Agindo assim, poderá magoar a pessoa que só quis ser gentil com você.

A intensidade dessas reações mostra que o organismo estava precisando realmente passar por uma limpeza.

É claro que nem todos os Reikianos sentem a mesma coisa, pois o Reiki age individualmente. A maior parte dessa liberação de toxinas vem através de órgãos como fígado, intestino, pulmão e até da pele.

*Na sua festa de aniversário,
dê a mesma atenção a todos os convidados.
Nada de brincar somente com os preferidos.*

O Mestre deve informar ao novo Reikiano sobre os benefícios desta limpeza. O mais importante na iniciação de um novo Reikiano é o bem-estar que irá sentir, a alegria de pertencer agora à grande família dos Reikianos.

Caso tenha comprado um presente de aniversário e por algum motivo não tenha podido ir à festa, você pode entregá-lo no dia seguinte ao aniversariante.

As reações diferem muito e a mais comum é a diarreia, que não deve ser reprimida. A pessoa acaba indo com mais frequência ao banheiro. Faz parte do processo de limpeza e de desintoxicação do organismo, para que fique mais saudável, mais forte e mais feliz.

Se um de seus convidados estiver desenturmado, procure enturmá-lo, convidando-o a participar das brincadeiras.

Ocasionalmente o Reikiano poderá experimentar uma mudança no hálito, quando ocorre limpeza via pulmões. Observa-se também, às vezes, eliminação de toxinas pela urina, que poderá sofrer alterações na coloração e em seu odor. Depois tudo isso passa. O que ficará é a sensação de saúde, de força e de felicidade.

Ao término de sua festa de aniversário, nas despedidas, agradeça a cada um pela presença.

A liberação de toxinas deve ser encorajada e não interrompida. É importante não tratar esses sintomas com medicamentos repressores. Em caso de diarreia mais intensa, usamos cápsulas de carvão vegetal e sobretudo muito líquido.

Se um colega não pôde ir à sua festa mas enviou-lhe um presente, um cartão de aniversário ou uma mensagem fonada, nunca esqueça de telefonar, depois, para agradecer a lembrança.

Raríssimas vezes, poderá ocorrer um ligeiro aumento da temperatura do corpo. A febre é importante e pode ser considerada também uma reação saudável. Sendo baixa, não deve ser reprimida com medicamentos químicos. Use compressas frias.

Quando você receber um convite de aniversário, mostre primeiro a seus pais. Depois telefone imediatamente confirmando sua presença ou justificando sua ausência.

O melhor comportamento para este período
de limpeza é evitar grandes esforços, fazer
refeições leves e beber muitos líquidos. Dentro
de um período de algumas horas a,
no máximo, vinte e um dias, o novo Reikiano
se sentirá muito melhor do que antes.
É aconselhável evitar o consumo de carnes
vermelhas e enlatados.

Mande um e-mail, um cartão de aniversário
pelo correio, um telegrama ou dê um telefonema, se
não puder ir à festa de um colega. É gentil e educado.

O aluno recebe o Nível 1 e, se quiser, pode parar ou aprender outros níveis e se aprofundar nos estudos. Enquanto a energia do Nível 1 trabalha principalmente o "Corpo Físico", a energia no Nível 2 atua também nas emoções e nos pensamentos.

Quando quiser dar um presente, peça aos seus pais para comprarem um que você acha que irá agradar.

Daí o nome "Nível Mental" dado a esse Nível. O equilíbrio das emoções e dos pensamentos é tão importante quanto o equilíbrio do corpo. Os gregos sempre pregaram: "mente sã, corpo são!", que quer dizer: se os pensamentos são bons, o corpo é saudável.

Procure ser pontual nas festas em que for convidado. Imagine como seria desagradável se todos chegassem atrasados à sua festinha.

Quando permitimos que a energia do Nível 2 flua livremente através de nós, dissolvemos antigos hábitos e medos. Abrimos mão de velhas formas de viver, de estar e de pensar. Por este motivo, prefiro denominá-lo de "A Transformação", face às profundas mudanças que promove nos iniciados. O Sensei Mikao Usui denominava esse Nível de "Okuden".

*O número dessa página é o mesmo do número telefônico para pedidos de emergência aqui no Brasil.
Se precisar de socorro disque 190.
Nunca use esse número para fazer brincadeiras.*

*Considero o Nível 2 do Reiki o mais bonito e significativo de todos.
Esse Nível implica em uma nova iniciação energética, agora na frequência de três Símbolos sagrados do Reiki.
O Nível 2 da técnica Reiki está à disposição daqueles que já receberam o Nível 1 e sentem vontade de continuar.*

Evite brincadeiras violentas ou de mau gosto que possam machucar ou ofender outras pessoas.

Muitos sentem necessidade de um crescimento e de maior conhecimento em relação a essa energia. O Nível 2 não é um aperfeiçoamento do primeiro. Cada Nível é um módulo completo e perfeito em si mesmo. O aluno que recebe o Nível 2 do Reiki precisa de muito menos tempo do que antes para aplicar a energia.

Ao sair de uma festa, não esqueça de se despedir do aniversariante e de seus pais e de agradecer pelo convite.

No Reiki, ao contrário das terapias mais conhecidas (Massoterapia, Shiatsu, Do-in, Quiroprática, Cromoterapia) o contato físico não é obrigatório. A energia Reiki pode, também, ser aplicada a distância, com sucesso, num processo similar ao da emissão de ondas de rádio.

Devemos agradecer e pedir proteção a Deus, em oração, todos os dias ao acordar e antes de dormir.

O ensino principal do Nível 2 é o envio da energia Reiki a distância para alguém que não esteja presente fisicamente, ou que por algum motivo você não possa tocar.

A energia Reiki forma uma ponte de luz ligando você a outra pessoa.

Respeite todas as religiões, por mais diferentes que sejam.

A energia Reiki pode ser enviada para um trauma do passado (assalto, separação dos pais, briga, acidente). Ajuda a diminuir o sofrimento emocional. Pode ser usado também para atuar num evento futuro (prova, vestibular, entrevista de estágio, viagem aérea, ida ao dentista, etc.).

Ao chegar a uma festa de aniversário, cumprimente primeiro o aniversariante, seus pais e depois os convidados.

O Nível 3-A da técnica Reiki é também conhecido como o grau de "Mestre Interior", "A Realização", ou "Nível da Consciência". O aluno recebe uma iniciação ao quarto Símbolo sagrado do Reiki, o "Símbolo Mestre", que possibilita ao Reikiano utilizar mais energia.

Não mate animais e insetos por prazer ou brincadeira. Devemos proteger os animais, nunca os maltratar.

*A capacidade energética fica muito ampliada.
A energia pode ser enviada para todo o planeta
ou a um país em crise, uma floresta sendo
devastada, animais em extinção,
grupos de trabalhos pela paz ou
a qualquer situação que deseje.*

*Precisamos de um planeta limpo e saudável.
Isso inclui todos os seres vivos que nele
residem. Devemos respeitar a natureza.*

O Nível 3-B recebe várias denominações, tais como: "Nível 4", "Mestrado" ou "Shinpiden" (conhecimento místico). Pode também receber a denominação de "Nível Espiritual" ou de "Nível de Professor". Esse Nível é realmente fantástico. O aluno recebe os conhecimentos de como iniciar novos Reikianos.

Devemos respeitar nossos pais. Eles nos deram vida, proteção, amor e educação.

Quanto mais Mestres houver, melhor será para a humanidade. O "Nível 3-B" não obriga ninguém a ensinar. Cada vez mais pessoas decidem fazer o Mestrado dentro de uma necessidade de crescimento interior.

O importante é que o uso da técnica Reiki seja feito de forma prazerosa, responsável, sem se tornar uma obrigação.

Devemos respeitar os idosos. Podemos aprender muito com eles. Um dia também seremos idosos. Quando tiver oportunidade, peça a eles que contem coisas boas do passado de suas vidas.

Se alguém quiser ser um bom Mestre de Reiki, precisa investir o seu tempo nisso, precisa se comprometer e obter um treinamento sério e de qualidade. Você poderá saber os nomes dos Mestres treinados por mim no seguinte endereço da Internet: reikiuniversal.com.br

Devemos respeitar os doentes físicos e ajudá-los em suas dificuldades. Jamais trate ninguém com superioridade.

Há Mestres formados em seminários de apenas algumas horas, num único dia, o que não garante qualidade de formação profissional. O treinamento de Mestrado do "Instituto Brasileiro de Pesquisas e Difusão do Reiki", por exemplo, implica em dezesseis horas de aulas mensais durante sete meses.

Não podemos colocar nossa vida em risco, foi um presente dado por Deus. A vida nos dá condições de evoluirmos como pessoas.

O tratamento com Reiki destina-se a todos os que estão abertos a mudanças internas e não somente a alguém que esteja sofrendo de dor ou trauma emocional. As pessoas vencem dores, problemas emocionais e de saúde que as atormentavam durante anos. Elas passam a se sentir mais amorosas, felizes e receptivas.

A Internet é muito legal, mas pode ser muito perigosa também. Nunca mande uma fotografia sua, nem informe seu nome, endereço e telefone, antes de consultar seus pais.

A energia Reiki muda a estrutura química do corpo, ajudando a restaurar os músculos, os nervos, o esqueleto e a regenerar órgãos. Quanto mais cedo começamos a aplicação regular de Reiki, melhores e mais rápidos são os resultados. Nas crianças, ajuda no desenvolvimento e fortalece as defesas do organismo.

O computador é um instrumento útil, mas para utilizá-lo devemos ter equilíbrio. Navegue com moderação. Do mesmo modo que na televisão, selecione bem os conteúdos.

Na maioria das terapias complementares é impossível, ou fica muito difícil, o terapeuta utilizar a técnica em si mesmo.

No método Reiki isso não acontece.

Podemos fazer o autotratamento, que é uma prática extremamente efetiva para a liberação da tensão e para o relaxamento.

Nunca aceite encontrar-se com alguém que você conheceu na Internet sem o conhecimento de seus pais. Você precisa ter muito cuidado!

A energia Reiki, por ser universal, serve igualmente para o tratamento de quaisquer organismos vivos: pessoas, animais e plantas. É incrível observar a beleza das plantas e flores tratadas com o método Reiki, quando comparadas com as que não receberam esta energia de amor.

Use sua criatividade!
Utilize a Internet para promover grupos de pesquisa de temas que você curte ou para melhorias da região onde você mora.

Os resultados alcançados com aplicações em animais desmentem que o Reiki funcione através da fé.
Não é a fé que recupera as pessoas na prática do Reiki. Se fosse assim, não funcionaria com plantas e animais.
A energia Reiki não precisa de nossa aprovação para funcionar.

Se na escola há colegas de outras religiões, promova uma amizade verdadeira. A diferença pode ser positiva se ambos souberem ouvir o lado bom de cada religião.

É muito difícil entender a energia Reiki com
nossa mente racional, que é limitada.
O mistério está em vivenciar o Reiki e
não nas explicações e nas teorias.
Somente a entendemos quando nos voltamos
para ela e com ela trabalhamos diretamente.
É como o amor: só pode ser compreendido
se o vivenciamos.

Se um colega da escola tem alguma doença crônica
como asma, bronquite ou epilepsia, não o evite.
Essas doenças não são contagiosas
e sua amizade poderá ajudar.

No Oriente, nenhuma técnica pode ser aprendida sem que tenha sido sentida e vivenciada. Buda, o grande líder espiritual do Oriente, pregava que deveríamos vivenciar antes de aceitar.

Os orientais alegam que a mente não entende, quem entende é o coração. Não há a obrigatoriedade de uma explicação racional.

Se um colega de escola estiver sem algum material e você tem um de reserva que possa emprestar, ajude-o. Peça para ele devolver depois.

A energia Reiki é verdadeiramente um presente para você mesmo. Use-a, receba-a, ofereça-a e transmita-a. Além do Reiki, é sempre preciso fazer uma boa respiração, ter um bom repouso, uma alimentação adequada e fazer exercícios físicos apropriados.

Ajude seu colega de escola que tem dificuldade em alguma matéria em que você tem mais facilidade. Vocês podem usar o tempo do intervalo ou combinar para estudar depois.

*O Reiki pode ser utilizado isoladamente
ou como complemento terapêutico,
junto a qualquer técnica
convencional ou alternativa.
As possibilidades para combiná-lo com
outros tratamentos são infinitas,
já que a energia não tem polaridade.*

O telefone é um aparelho útil e importante.
Não fique muito tempo conversando com seus
amigos. Alguém pode estar tentando ligar para sua casa.

Não devemos fazer do Reiki um instrumento de fanatismo. Devemos consultar sempre um médico ou um psicólogo quando o problema requeira a intervenção de um profissional especializado.
O Reiki não substitui a Medicina convencional, assim como a Medicina convencional não substitui o Reiki.

Sempre que puder, faça uma oração antes das refeições. Agradeça por ter aquele alimento.
Lembre-se que muitas pessoas não têm o que comer.

Quem quiser nos conhecer e participar de nossos seminários, entre em contato com o Instituto Brasileiro de Pesquisas e Difusão do Reiki. Todos estão convidados a visitar nossas sedes, no Rio de Janeiro (em Copacabana) e em São Paulo (nos Jardins).

Que tal organizar um grupo na escola para arrecadar alimentos não perecíveis para doação? Muitas famílias não têm o que comer.

O Mestre Johnny De' Carli pode ser encontrado em:

a) São Paulo: Alameda Santos, 2223 – conj. 52
Jardins – CEP: 01.419-101
Tels.: (11) 3062-9941 / 3062-9647
cel.: (11) 99619-2769 (WhatsApp)

b) Rio de Janeiro: Rua Siqueira Campos, 43
salas 633 e 634
Copacabana – CEP: 22.031-070
Tels.: (21) 2256-8267 / 2235-3142

Quando estiver em uma piscina,
nada de fazer xixi lá dentro!
Procure sempre um banheiro.

BIBLIOGRAFIA CONSULTADA

Este livro contou com informações extraídas do livro, de minha autoria, "Reiki, A Terapia do Terceiro Milênio", quarta edição revisada, Madras Editora e da "Coleção Boas Maneiras", de Cristina Marques e Cida Chiconato, Editora BrasiLeitura.

Nada de limpar seu nariz em qualquer lugar! Procure um banheiro.

Que tal agora fazermos uma brincadeira muito legal? Vamos folhear rapidamente as páginas desse livro, observando o desenho da pombinha que está no canto inferior. Você terá a impressão de que ela está voando.

Que tal agora ler mais uma vez cada mensagem?

Nossa eterna gratidão ao Sensei Mikao Usui por sua grande obra.

Da escola, em casa ou em uma festa, só saia com seus responsáveis ou com as pessoas que eles combinaram que levariam você.

Crianças com até 12 anos de idade incompletos poderão, de posse deste livro, receber gratuitamente a iniciação no Reiki de Nível 1. Para isso, deverão procurar pelo Mestre de Reiki Johnny De' Carli, no Rio de Janeiro ou em São Paulo – Brasil, nas sedes do Instituto Brasileiro de Pesquisas e Difusão do Reiki.

"Nunca marque encontros com 'amigos virtuais'; há sempre um risco, mesmo quando em locais públicos".

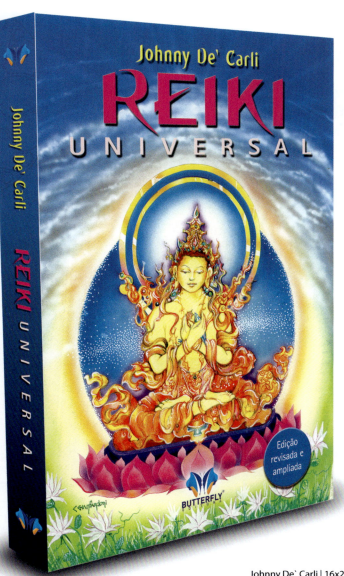

REIKI UNIVERSAL
Johnny De` Carli | 16x23 cm | 304 páginas

Reiki é uma técnica terapêutica de origem japonesa que vem ganhando cada vez mais adeptos em todo o mundo. Utilizado como complemento a tratamentos de saúde, é, também, incrível filosofia de vida que proporciona bem-estar e direciona o praticante a uma vida mais feliz, com mais plenitude. Em sua 13ª edição, revisada e ampliada Reiki Universal expandirá os conhecimentos do leitor neste método científico de desbloqueio, equilíbrio e reposição energética, seja iniciante ou experiente. A obra, dividida em três partes, apresenta tudo o que um Reikiano precisa saber para evoluir na técnica: história do Reiki, funcionamento da energia, princípios, chacras do corpo humano, meditação, posições de aplicação e informações detalhadas sobre todos os níveis do Reiki.

CLEBER GALHARDI

CABEÇA DE MELÃO
E CABEÇA DE ABACATE
Infantojuvenil
27x27 cm
28 páginas

REVOLUÇÃO NA
COLMEIA
Infantojuvenil
27x27 cm
28 páginas

LUANA, A AMIGA
DAS ESTRELAS
Infantojuvenil
27x27 cm
32 páginas

PLANETA MARROM
Infantojuvenil
27x27 cm
32 páginas

O SEMEADOR DO BEM
Infantojuvenil
27x27 cm
28 páginas

EU SOU ASSIM!
Infantojuvenil
27x27 cm
28 páginas

17 3531.4444 | boanova@boanova.net | www.boanova.net

CLEBER GALHARDI

FERVI POR DENTRO
Infantojuvenil | 27x27 cm | 36 páginas
Aguar é um Anjo Guardião que, de forma leve e divertida, ensina como lidar com uma das mais fortes emoções que temos: a raiva. Valendo-se de palavras "mágicas", Aguar transmite informações educativas a pais e crianças sobre essa emoção que nos faz "ferver por dentro", e que é também um recurso indispensável para nosso crescimento interior quando utilizada corretamente.

TREMI POR DENTRO
Infantojuvenil | 27x27 cm | 32 páginas
Aguar é um Anjo Guardião que, de forma leve e divertida, ensina como lidar com uma das mais fortes emoções que temos: o medo. Valendo-se de palavras "mágicas", Aguar transmite informações educativas a pais e crianças sobre essa emoção que nos faz "tremer por dentro", e que é também um recurso indispensável para nosso crescimento interior quando utilizada corretamente.

CALMA, VAI DAR TUDO CERTO
Infantojuvenil | 27x27 cm | 36 páginas
Aguar é um Anjo Guardião que, de forma leve e divertida, ensina como lidar com uma das mais fortes sensações que temos: a ansiedade. Valendo-se de palavras "mágicas", Aguar transmite informações educativas a pais e crianças sobre essa preocupação que nos faz temer o futuro e nos impede de ter tranquilidade no presente.

boa nova editora

MAIS INFORMAÇÕES FALE COM OS NOSSOS VENDEDORES
Boa Nova Catanduva-SP | (17) 3531.4444 | www.boanova.net | www.facebook.com/boanovaed

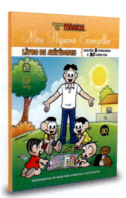
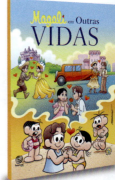

Meu Pequeno Evangelho
Luis Hu Rivas | Ala Mitchell
Mauricio de Sousa | Infantojuvenil
Páginas: 64 | 20x26 cm
"Neste livro, a Turma da Mônica recebe a visita de André, um primo do Cascão que vai apresentar para as crianças conceitos do Evangelho que todos podemos usar no dia a dia, independentemente da religião que praticam. Meu Pequeno Evangelho traz lindas mensagens de amor, caridade e humildade, contadas de forma divertida com os personagens mais queridos do Brasil."

Meu Pequeno Evangelho - Livro de atividades
Luis Hu Rivas | Ala Mitchell
Mauricio de Sousa | Infantojuvenil
Páginas: 64 | 20x26 cm
Este livro traz lindas mensagens de amor com os personagens mais queridos do Brasil. Divirta-se com a turminha fazendo atividades incríveis e colando lindos adesivos." Contém 8 máscaras e 30 adesivos.

Magali em Outras Vidas
Luis Hu Rivas | Ala Mitchell
Mauricio de Sousa | Infantojuvenil
Páginas: 56 | 20x26 cm
Será possível que nós tenhamos vivid outras épocas? Nossos gostos e medos origem em "outras vidas"? E os nos amores... poderiam ter começado no pa Imagine como seria legal descobrir t esses mistérios e saber que tudo no un tem um início, uma causa. Magali em Vidas traz uma narrativa romântica e n engraçada. Uma viagem pelo tempo mostra que o amor é a maior força universo.

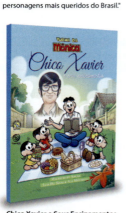

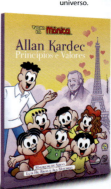

Chico Xavier e Seus Ensinamentos
Luis Hu Rivas | Ala Mitchell
Mauricio de Sousa | Infantojuvenil
Páginas: 64 | 20x26 cm
Neste livro, a Turma da Mônica conhece os exemplos iluminados de um dos maiores brasileiros de todos os tempos, apresentados por André, primo de Cascão. Chico Xavier e seus ensinamentos mostra como, em pequenas situações do dia a dia, Chico conseguia oferecer grandes lições de amor ao próximo, agora contadas em histórias com os personagens mais queridos do Brasil.

Outro Lar: Uma Viagem de Muitos Ensinamentos
Luis Hu Rivas | Ala Mitchell
Mauricio de Sousa | Infantojuvenil
Páginas: 64 | 20x26 cm
Em Outro Lar, a Turma da Mônica vai até o Rio de Janeiro visitar André, um primo do Cascão, que, além de apresentar os pontos turísticos da Cidade Maravilhosa, vai mostrar às crianças como a prática de bons hábitos pode ajudar a ter sonhos melhores e até conhecer lugares inimagináveis.

Allan Kardec Princípios e Valores
Luis Hu Rivas | Ala Mitchell
Mauricio de Sousa | Infantojuvenil
Páginas: 64 | 20x26 cm
No livro Turma da Mônica: Allan Kardec Princípios e Valores, a turma faz uma viage Paris, e conhece mensagens que podem aplicadas em qualquer situação. Com An primo do Cascão, as crianças aprendem prin do educador francês que ensinou que dev nos esforçar para ser hoje pessoas melhor que ontem; e amanhã, melhores do que h

 www.facebook.com/boanovaed
 www.youtube.com/boanovaeditora
 www.instagram.com/boanovaed

TURMA DA MÔNICA

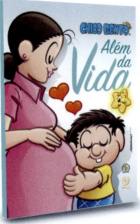
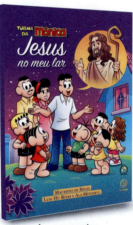

…urma da Mônica jovem conhece violetas na janela
Luis Hu Rivas | Ala Mitchell
Mauricio de Sousa
Baseado na obra de Vera Lúcia Marinzeck de Carvalho
Infantojuvenil | Páginas: 96
14x21 cm

…ste vida além desta vida? Essa per-
…ta seria respondida se alguém vol-
…sse para contar a história, né? E se
…se alguém fosse uma jovem? Neste
…ro, a Turma da Mônica Jovem con-
…e a história de Patrícia, uma garota
…e conta sua chegada ao "outro
…do", registrado num livro best-seller
…mado Violetas na Janela. Compartil-
…ndo aventuras e reencontros curio-
…s, o livro traz reflexões sobre como
…arar este momento, lembrando-nos
…de que devemos valorizar a vida.

Chico Bento além da vida
Luis Hu Rivas | Ala Mitchell
Mauricio de Sousa
Infantojuvenil | Páginas: 64
20x26 cm

Será que viemos de algum lugar, antes de nascer? Alguém cuida de nós, enquanto nos aventuramos pela Terra? E as pessoas que amamos, para onde vão ao final da vida? É possível que sua luz continue brilhando? Este livro lindamente ilustrado traz uma narrativa emocionante e cheia de luz. Adapta a história Uma Estrelinha Chamada Mariana, com a chegada da irmãzinha de Chico Bento, e a sua emocionante continuação O Presente de uma Estrelinha.

Jesus no meu Lar
Luis Hu Rivas | Ala Mitchell
Mauricio de Sousa
Infantojuvenil | Páginas: 64
20x26 cm

Neste livro, a Turma da Mônica volta a encontrar André, um primo do Cascão que vai apresentar para as crianças ensinamentos lumino-sos de Jesus que todos podemos usar no dia a dia. Jesus no meu lar apresenta mensagens sábias e amorosas contadas de forma diver-tida com os personagens mais queridos do Brasil.

17 3531.4444 | boanova@boanova.net | www.boanova.net

INFANTOJUVENIL

Uma páscoa sem ovos de chocolate
Etna Lacerda
27x27 cm | 28 páginas

Leão com dor de dente não há quem aguen
Etna Lacerda
27x27 cm | 28 páginas

O girassol que não acompanhava o sol
Etna Lacerda
27x27 cm | 28 páginas

BIP 886
Etna Lacerda
16x23 cm | 96 páginas

O que você vai ser quando renascer?
Regina Timbó
20x15 cm | 26 páginas

www.instagram.com/boanovaed   www.youtube.com/boanovaeditora   www.facebook.com/boanov

Eu sou o rei de todo o mundo
Daniele Vanzan com participação de Milton Menezes
20x26 cm | 48 páginas
Tico é um bom menino, divertido e amigável, quando todas as coisas saem como ele espera. Mas, quando ele não gosta de algo... sai de baixo! Se receber um não, se não for atendido na hora que quer, se perder o jogo, Tico parece se transformar: grita,xinga, bate e machuca todos a sua volta, estragando qualquer brincadeira ou momento de prazer.
Acompanhem esta história para ver como Tico conseguiu contornar esse seu comportamento, que insistia em se repetir e afastar dele todos os amigos.

Não consigo desgrudar da mamãe
Daniele Vanzan com participação de Milton Menezes
27x27 cm | 36 páginas
Chico é um menino doce que apresenta uma grande dificuldade: afastar-se dos pais para realizar suas atividades diárias, como ir para a escola ou dormir na casa dos primos, que se tornam assim situações sofridas e dolorosas. Após contar com o trabalho de uma boa terapeuta, Chico vai descobrindo e superando a causa desse problema – o transtorno de ansiedade de separação –, até conseguir se afastar dos pais e se divertir muito com amigos e familiares.

A escolha de Felipe
Maria Ivone de Oliveira Fonseca
27x27 cm | 28 páginas
Felipe era fã de jogos de computador, em especial os de Super Heróis. Um dia, conversando com a avó Sylvia, ele descobriu que o herói favorito da avó era bem melhor que o seu... Quem será essa pessoa tão especial?

O sonho de Guto
Maria Ivone de Oliveira Fonseca
27x21 cm | 28 páginas
Esta é a história de Guto. Ele trazia dentro de si um grande [conflito]: esconder ou expor seus sentimentos? Libertar ou reter [sua]s emoções? Todos nós temos um pouco de Guto. Das suas incertezas. Da sua indecisão. Este livrinho vai nos ensinar exatamente isso: a abrir o coração, deixando que o amor [ex]travase de nós, envolvendo tudo que nos rodeia. Só assim estaremos construindo um mundo cada vez melhor.

17 3531.4444 | boanova@boanova.net | www.boanova.net

Butterfly Editora Ltda.
Av. Porto Ferreira, 1031 - Parque Iracema
CEP 15809-020 – Catanduva-SP
17 3531.4444
www.editorabutterfly.com.br | atendimento@editorabutterfly.com.br